리더들의 결정적 한마디

영어명언 베스트 365

리더들의 결정적 한마디

영어명언 베스트 365

| 저　자　에릭 홍
| 발행인　고본화
| 발　행　반석출판사
| 자회사　탑메이드북
| 2019년 10월 5일 초판 2쇄 인쇄
| 2019년 10월 10일 초판 2쇄 발행
| 홈페이지 | www.bansok.co.kr
| 이메일 | bansok@bansok.co.kr
| 블로그 | blog.naver.com/bansokbooks

07547 서울시 강서구 양천로 583. B동 1007호
(서울시 강서구 염창동 240-21번지 우림블루나인 비즈니스센터 B동 1007호)
대표전화 02) 2093-3399 팩 스 02) 2093-3393
출 판 부 02) 2093-3395 영업부 02) 2093-3396
등록번호 제315-2008-000033호

Copyright ⓒ 에릭 홍

ISBN 978-89-7172-817-8 (13740)

- 본 책은 반석출판사에서 제작, 배포되고 있습니다.
- 교재 관련 문의 : bansok@bansok.co.kr을 이용해 주시기 바랍니다.
- 이 책에 게재된 내용의 일부 또는 전체를 무단으로 복제 및 발췌하는 것을 금합니다.
- 파본 및 잘못된 제품은 구입처에서 교환해 드립니다.
- 디자인 환크리에이티브컴퍼니

리더들의 결정적 한마디

영어명언
베스트 365

머리말

독자 여러분! 눈을 감고 어린 시절 자기가 좋아하던 글을 남몰래 종이에 옮겨 적던 그때를 떠올려 보세요. 심금을 울리는 노랫말, 감명 깊게 읽었던 책의 글귀, 영화 속 배우들의 명대사 등등이 생각날 겁니다. 일기장의 마지막 페이지에는 남들이 보기에는 평범하지만 자신에게 소중한 글들을 적어놓고 힘들거나 괴로울 때 남몰래 뒤적이며 두고두고 읽던 기억도 함께 떠오르실 겁니다.

이 책에는 어린 시절 두근두근 가슴을 진정시키며 남몰래 적던 그런 글들이 실려 있습니다. 아름다운 사진들과 마음속에 풍요로운 깊이를 더해 줄 영어명언을 함께 담았습니다. 때로는 풍부한 감수성과 열정으로 사랑과 우정을 노래하고, 때로는 재기발랄한 위트와 유머로 뒤틀린 인생을 꼬집기도 하고, 때로는 날카로운 통찰력으로 삶의 지침과 교훈을 전하며, 때로는 넉넉하고 포근한 시선으로 지친 어깨를 편안하게 감싸 안아주기도 합니다.

하루 5분, 나를 위한 소중한 선물이 여기 있습니다. 리더들이 전하는 결정적 한마디를 음미하면서 자신을 돌아보세요. 자신의 생각과 삶 속에 리더들의 결정적인 한마디를 적용시켜 어제와는 사뭇 달라진 모습의 독자 여러분이 되시길 바랄게요. 이 책이 소중한 친구 같은 존재로, 그 속에서 작은 행복을 느낄 수 있는 '오늘의 선물'이 되었으면 합니다.

어제는 역사이고, 내일은 미스터리이며, 오늘은 선물이다. 그렇기 때문에 우리는 '현재(Present)'를 '선물(Present)'이라 부른다.

에릭 홍 드림

목차

머리말	004
프롤로그	006
이 책의 특징	007
Chapter 01 ｜ 공감 sympathy	008
Chapter 02 ｜ 꿈·희망 dream	030
Chapter 03 ｜ 노력·도전 exertion	052
Chapter 04 ｜ 사랑 love	098
Chapter 05 ｜ 용기 courage	148
Chapter 06 ｜ 성공 success	168
Chapter 07 ｜ 인생·성숙① life & maturation	198
Chapter 08 ｜ 인생·성숙② life & maturation	246
Chapter 09 ｜ 교육·독서 education	294
Chapter 10 ｜ 우정 friendship	322
Chapter 11 ｜ 감사·겸손 gratitude	344
Chapter 12 ｜ 기타 etc.	366

프롤로그

저는 지난 1990년대 초반 미국으로 이민 후 실용음악 대학에서 베이스 기타를 전공하고 사업과 직장 생활을 하다가 2000년대 후반 사업차 귀국했습니다. 다양한 경험을 좋아하는 성격이라 이런저런 일들을 하던 도중 우연한 기회에 소셜마케팅이라는 교육을 듣게 되었고 모든 사람들에게 위안을 줄 수 있는 주제를 가지고 나만의 소셜 컨텐츠를 만들어서 운영해보자고 시작된 게 바로 카카오스토리 [영어명언 매일보기] 채널이었습니다. 내가 가장 잘할 수 있고 양질의 컨텐츠를 구할 수 있는 영어명언을 바탕으로 좋은 글도 전하고 영어공부도 쉽게 할 수 있는 통로였던 셈이죠.

현재도 카카오스토리에 [영어명언 매일보기]라는 채널과 페이스북 페이지를 운영 중에 있습니다. 빠르게 변해가는 SNS 환경에 가끔 당황스러울 때도 있지만 많은 분들이 아침 출근길에 저의 포스팅을 보시고 힘든 하루 일과에 조금이나마 힘이 되었으면 합니다.

이 책의 특징

나를 위한 하루 5분 선물 –
세계 리더들의 삶의 지혜를 영어로 만나다

이 책에 실린 영어명언들은 8만여 카카오스토리 [영어명언 매일보기] 회원들이 추천한 영어명언 365개를 12개의 주제로 분류했습니다. 이 책에는 세계 역사의 한 페이지를 장식한 위대한 리더들의 삶의 지혜가 고스란히 담겨 있습니다. 영어명언은 인간의 보편적 지혜와 삶의 고민과 희노애락을 투명하게 표현해주기 때문에 많은 사람들에게 공감을 줍니다. 또한 오랜 기간에 걸쳐 많은 사람들의 공감을 얻은 지혜의 말이기 때문에 자신의 생각과 삶을 반추해볼 수 있는 좋은 기회가 됩니다. 하루 5분, 영어명언을 통해 하루를 힘차게 시작하시길 바랍니다.

Chapter 01 공감

Chapter 02 꿈·희망

Chapter 03 노력·도전

Chapter 04 사랑

Chapter 05 용기

Chapter 06 성공

Chapter 07 인생·성숙 ①

Chapter 08 인생·성숙 ②

Chapter 09 교육·독서

Chapter 10 우정

Chapter 11 감사·겸손

Chapter 12 기타

01
02
03
04
05
06
07
08
09
10
11
12

Chapter 01
공감
sympathy

001
Daily English Famous Saying

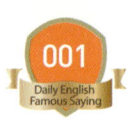

Do not do to others what angers you if done to you by others.

<<< Socrates

자신을 화나게 했던 행동을
다른 사람에게 행하지 말라

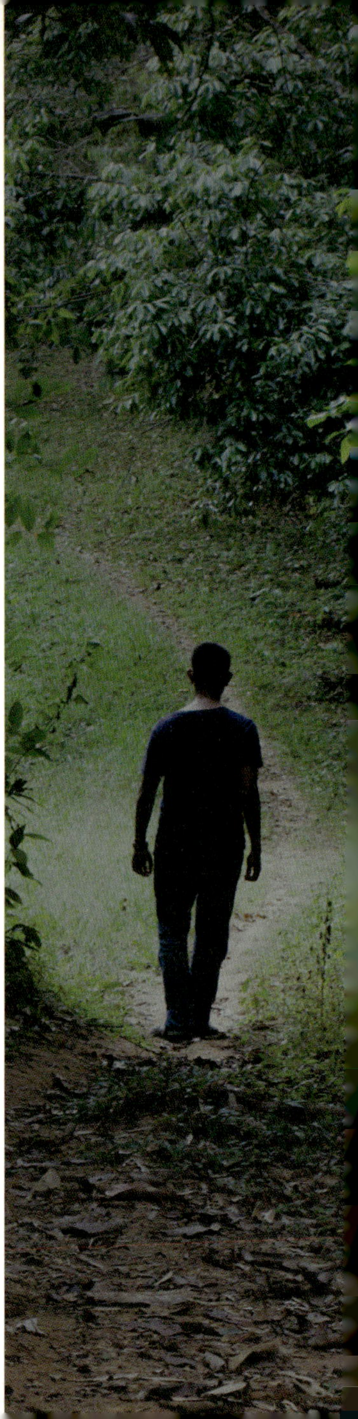

A great obstacle to happiness is to anticipate too great a happiness.

<<< Fontenelle

행복에 있어서 가장 큰 장애물은
너무 큰 행복을 기대하는
마음입니다.

> 행복은 오는 게 아니라
> 그 순간에 최선을 다하고 만족해서
> 느끼는 따듯한 감정입니다.
> 있는 그대로 받아들이면
> 불행도 덜할 거예요.

When I was 5 years old,
my mother always told me
that happiness was the key to life.
When I went to school,
they asked me what I wanted to be
when I grew up.
I wrote down 'happy.'
They told me I didn't understand
that assignment,
and I told them
they didn't understand life.

<<< John Lennon

내가 다섯 살 때, 어머니는 행복이 '인생의 열쇠'라고 말씀하셨죠.
학교에서, 나중에 커서 뭐가 되고 싶은지 쓰라고 하길래
'행복'이라고 적었습니다. 그랬더니, 날더러 숙제를 잘 이해하지 못했다고
하더군요. 그래서 난 그들이 인생을 이해하지 못하는 것이라고 했습니다.

What's money?
A man is a success if he gets up
in the morning
and goes to bed at night
and in between does
what he wants to do.

<<< Bob Dylan

돈이 다 무슨 소용인가?
사람이 아침에 일어나
밤에 잠들며
그 사이에 원하는 일을 한다면
그 사람은 성공한 것이다.

밥 딜런(1941~)은 미국의 뮤지션이자 시인이자 화가이다.
60년대부터 저항적인 가사로 시민들을 대표하는 음악가가 되었다.
여러 차례 음악적 색깔을 바꾸면서도 음악적 성과가 뛰어났으며
시적인 가사로 대중음악에서의 가사의 수준을 높였다는 평가를 받는다.
대중음악 사상 가장 영향력 있는 뮤지션 중 한 명으로 꼽히며,
2016년 대중가수로는 최초로 노벨문학상 수상자로 선정되어 세상을 놀라게 했다.

To marry is to halve your rights and double your duties.

<<< Arthur Schopenhauer

결혼을 한다는 것은 당신의 권리를 반감시키고 의무를 배가시키는 것입니다.

모든 것을 기쁨으로 여길 만큼 사랑할 때 결혼하면 행복하겠죠!

If you want to go fast, go alone
If you want to go far, go together.

<<< African Proverb

빨리 가고 싶다면 혼자 가고,
멀리 가고 싶다면 함께 가세요.

이 말이 언젠가부터 진리가 됐네요.
여럿이 같이 가면 좋은데...

Who seeks friends without faults, dies alone.

<<< Turkish Proverb

결점 없는 친구를 찾는 사람은 외롭게 죽을 것이다.

친구란 흠까지도 감싸 줘야죠.
나 자신이 결점 투성인데
그런 욕심은 백해무익...
타인의 흠까지도 사랑하고 품어 줄 수 있는
멋진 사람이 돼야겠어요.

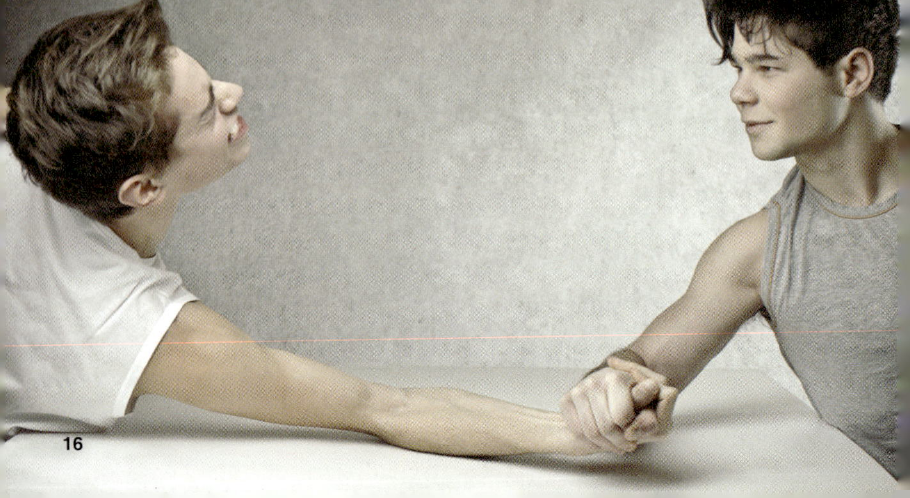

There are many in the world dying for a piece of bread, but there are many more dying for a little love.

<<< Mother Teresa

세상에는 빵 한 조각 때문에 죽어가는 사람도 많지만,
작은 사랑도 받지 못해서 죽어가는 사람은 더 많다.

I would be the most content if my children grew up to be the kind of people who think decorating consists mostly of building enough bookshelves.

<<< Anna Quindlen

내 아이가 나중에
집안을 꾸미는 일은
책장을 넉넉히 두는 것으로
충분하다고 생각하는 사람으로 자란다면
나는 더할 나위 없이 만족스러울 것이다.

애너 퀸들런(Anna Quindlen) 미국 베스트셀러 작가이자 뉴욕 타임즈 칼럼니스트. 〈공적인 것과 사적인 것(Public&Private)〉이란 칼럼으로 퓰리처상을 수상했다. 그 후 〈단 하나의 진실〉, 〈어느 날 문득 발견한 행복〉 등의 책으로 미국을 대표하는 작가로 부상했다.

011
Daily English Famous Saying

Nothing's better than the wind to your back, the sun in front of you, and your friends beside you.

<<< Aaron Douglas Trimble

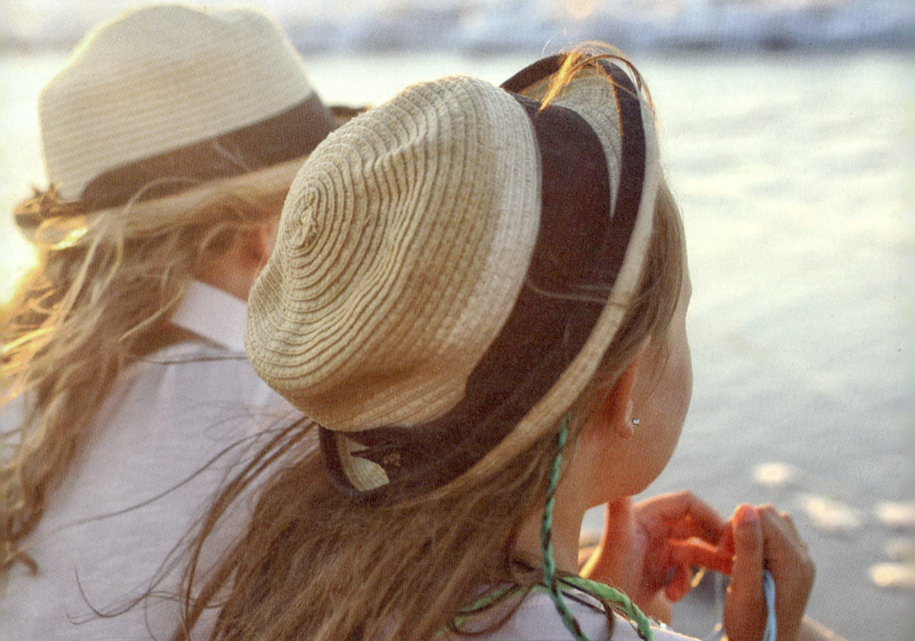

등 뒤에서 불어오는 바람, 눈앞에 빛나는 태양,
당신 옆에 있는 친구보다 더 좋은 것은 없다.

I hear and I forget.
I see and I remember.
I do and I understand.

<<< Confucius

들은 것은 잊어버리고,
본 것은 기억하고,
직접 해본 것은 이해한다.

LUCK FAVORS THE PREPARED.

<<< The Incredibles

행운은 준비된 사람에게 온다.

애니메이션 인크레더블스 준비하는 자세와 노력을...
스티븐 시걸 영화〈언더시즈 2〉에도 비슷한 표현이 있더군요.

If it is right, it happens.
The main thing is not to hurry.
Nothing good gets away.

<<< John Steinbeck

그게 만약 옳은 일이라면 그건 이루어지게 되어 있단다.
중요한 건 서두르지 않는 거야.
소중한 건 사라지지 않거든.

 존 스타인벡이 사랑에 빠진 아들에게 쓴 편지 중에 나오는 말이군요.

To be trusted is a greater compliment than to be loved.

<<< George MacDonald

신뢰받는 것은 사랑받는 것보다 더 큰 영광이다.

신뢰가 밑거름이 되면 더없이 좋겠네요.
인간관계의 첫 시작은 신뢰죠~

It's our nature: Human beings like success, but they hate successful people.

<<< Carrot Top

그것이 바로 우리의 본성이다:
인간은 성공은 좋아하지만,
성공한 사람들은 증오한다.

Just because something doesn't do what you planned it to do doesn't mean it's useless.

<<< Thomas A. Edison

어떤 것이 계획대로 되지 않을지라도, 그것이 헛된 것은 아니다.

다시 생각해 볼 기회예요, 자신의 발전지향 ~ ^^

The heart of a fool is in his mouth, but the mouth of a wise man is in his heart.

<<< Benjamin Franklin

우둔한 사람의 마음은 입안에 있지만,
지혜로운 사람의 입은
그의 마음속에 있다.

미국의 정치인, 과학자, 저술가.
이른바 '건국의 아버지'들 중 한 사람이다.

How many roads must a man walk down
before you call him a man?

Yes, 'n' how many seas must a white dove sail
before she sleeps in the sand?

Yes, 'n' how many times must the cannon balls fly
before they're forever banned?

The answer, my friend, is blowin' in the wind,
the answer is blowin' in the wind.

<<< Bob Dylan

얼마나 많은 길을 걸어야
인간이 인간이라 불릴까.

얼마나 많은 바다를 지나야
하얀 비둘기가 모래에서 잠들까.

얼마나 많이 날아야
포탄이 영원히 금지될까.

그 답은, 벗이여, 바람에 실려 있다네.
그 답은 바람에 실려 있다네.

Chapter 02
꿈·희망

d r e a m

Dream
as if you'll live forever.
Live
as if you'll die today.

<<< James Dean

영원히 살 것처럼 **꿈꾸고**
오늘 죽을 것처럼 **살아라.**

Each day I live.
I want to be a day
to give the best of me.
I'm only one, but not alone.
My finest day is yet unknown.

<<< Whitney Houston

난 하루하루를 살아요.
최선을 다하는 하루가 되길 바라죠.
난 혼자일 뿐이지만, 외롭지 않아요.
내 삶의 가장 좋은 날은 아직 오지 않았으니까요.

휘트니 휴스턴의 대표 곡 중 하나인 One moment in time의 한 구절이다.
휘트니 휴스턴(Whitney Houston)은 미국의 가수 겸 영화배우이다.
가창력으로 전 세계의 수많은 팬층을 확보했으며 알앤비, 댄스음악 등
다양한 장르의 음악을 선보였다.

Everyday may not be good but there's something good in everyday.

<<< Winnie The Pooh

매일 좋을 순 없겠지만, 뭔가 좋은 일은 매일 일어나요.

Youth is easily deceived because it is quick to hope.

<<< Aristotle

젊음은 희망을 빨리 갖기 때문에 그만큼 쉽게 현혹된다.

You can't deny laughter;
when it comes,
it plops down in your favorite chair
and stays as long as it wants.

<<< Stephen King

웃음은 거부할 수 없다.
웃음이 올 때는 당신이 가장 아끼는 의자에 털썩 앉아
원하는 만큼 머문다.

미국의 소설가. 공포 스릴러 소설의 거장으로,
현재까지 현대 최고의 공포소설 작가로 인정받고 있다.

It has never been my object to record my dreams, just to realize them.

<<< Man Ray

꿈을 기록하는 것이 나의 목표였던 적은 없다,
꿈을 실현하는 것이 나의 목표이다.

초현실주의와 다다이스트 사진가.

If you
follow your dream,
if you
try to live as you dream,
the dream will be everyday
life unexpectedly.

<<< Henry David Thoreau

꿈을 향해 자신 있게 걸어간다면, 꿈꾸는 대로 살고자 한다면,
그 꿈은 어느 순간 당신의 생활이 될 거예요.

폴포츠의 말이 생각나는군요.
생각하는 대로 살지 않으면, 사는 대로 생각하게 된다는…

A pessimist sees the difficulty in every opportunity; an optimist sees the opportunity in every difficulty.

<<< Winston Churchill

비관론자는 모든 기회에서 어려움을 찾아내고,
낙관론자는 모든 어려움에서 기회를 찾아낸다.

> 윈스턴 처칠의 자전적 수상록 폭풍 위의 언덕에서
> 자신이 숱한 어려움을 극복하고 제자리에 설 수 있었던 것은
> 낙관적이었기 때문이라고 하더군요.

All our dreams can come true, if we have the courage to pursue them.

<<< Walt Disney

우리의 모든 꿈은 이뤄질 것이다. 꿈을 밀고 나갈 용기만 있다면 ...

A Dream written down
with a date becomes a Goal.
A goal broken down
becomes a Plan.
A plan backed by Action
makes your dream come true.

<<< Greg S. Reid

꿈에 날짜를 적으면 목표가 되고,
목표를 잘게 나누면 계획이 되고,
계획을 실행에 옮기면 꿈이 현실이 됩니다.

Most of the important things in the world have been accomplished by people who have kept on trying when there seemed to be no hope at all.

<<< Dale Carnegie

이 세상의 위대한 업적들은 희망이 보이지 않는 상황에서도 끊임없이 도전한 사람들이 이룬 것이다.

It is difficult to say
what is impossible,
for **the dream of yesterday** is
the hope of today
and **the reality of tomorrow.**

<<< Robert H. Goddard

불가능하다는 게 어떤 건지 말하기는 어려워요,
왜냐하면 어제의 꿈이 오늘의 희망이 되고,
내일의 현실이 되기 때문이죠.

💬 언제나 희망과 꿈을 가지고 포기하지 말라는 뜻 같아요.
내일은 꼭 이루어질 거야. 어제 꿈꾸고 오늘 소망하면 내일은 이루어진다.

If you keep on believing, the dreams you wish will come true.

<<< Cinderella

계속해서 믿는다면, 그 꿈은 이루어질 거예요.

If you don't learn to laugh at trouble, you won't have anything to laugh at when you're old.

<<< Edgar Watson Home

곤경에 처했을 때
웃는 법을 배우지 못한다면,
나이가 들었을 때
웃을 일이 전혀 없을 것이다.

Truth is like the sun. You can shut it out of for a time, but it doesn't go away.

<<< Elvis Presley

진실은 태양과 같습니다.
잠시 동안 가릴 수는 있지만,
사라지지는 않습니다.

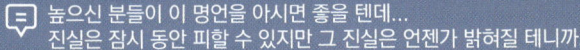

높으신 분들이 이 명언을 아시면 좋을 텐데...
진실은 잠시 동안 피할 수 있지만 그 진실은 언젠가 밝혀질 테니까.

I once cried because I had no shoes to play football with my friends, but one day I saw a man who had no feet, and I realized how rich I am.

<<< Zinedine Zidane

나는 한때 친구들과 축구를 하려는데
축구화가 없어서 울었던 적이 있었다.
하지만 어느 날, 발이 없는 사람을 보고
내가 얼마나 많은 것을 가지고 있는지 알게 되었다.

Dreams come true. Without that possibility, nature would not incite us to have them.

<<< John Updike

꿈은 이루어진다.
꿈을 이룰 가능성이 없다면,
이 세상은 우리에게 꿈을 꾸게 하지 않았을 것이다.

> 〈토끼는 부자다〉란 작품으로 전미 비평가협회상과 퓰리처상을 받은 존 업다이크.
> 추상표현주의 화가 잭슨 폴록을 소재로 한 〈내 얼굴을 찾으라〉 등 발표작품마다
> 평단과 독자의 관심을 받는 영미 문학권 최고의 작가로 평가받는다.

Talent wins games, but teamwork wins championships.

<<< Michael Jordan

재능은 게임에서 승리하게 하지만
팀워크는 챔피언십 우승을 가져온다.

A dream you dream alone is only a dream. A dream you dream together is reality.

<<< John Lennon

혼자서 꾸는 꿈은 꿈으로 그칠 뿐이지만
함께 꾸는 꿈은 현실이 됩니다.

Behind the cloud is the sun still shining.

<<< Anonymous

구름 뒤에서도 태양은 여전히 빛나고 있다.

포기하지 말고 희망을 가지라고 충고할 때 쓰는 말~~~

Chapter 03
노력·도전

e x e r t i o n

Blaze with the fire that is never extinguished.

<<< Luisa Sigea

꺼지지 않을 불길로 타올라라.

스페인 출신의 인본주의 여류작가 루이사 시게아.
고전문화에 대해 지식이 깊고 스페인어,
라틴어, 포르투칼어에 능통했던 그녀는
자신이 남긴 명언만큼 르네상스 시기의 왕성한 활동으로
유럽 학자들 사이에서 존경의 대상이었다.

You miss 100% of the shots you don't take.

<<< Wayne Gretzky

슛을 시도하지 않으면 100% 놓치게 됩니다.

웨인 그레츠키는 캐나다의 아이스하키 선수다. 약 20년간 내셔널하키리그(NHL)에서 활동하며 역사상 가장 뛰어난 업적을 남긴 레전드 선수 중 하나로 하키 명예의 전당에 올랐다. 그의 등번호 99번은 NHL 전구단 영구 결번으로 지정됐다.

Risk! Risk anything!
Care no more for the opinions
of others, for those voices.
Do the hardest thing
on earth for you.
Act for yourself.
Face the truth.

<<< Katherine Mansfield

위험을 감수하라! 그 어떤 것일지라도!
다른 이들의 말과 목소리에 더 이상 신경 쓰지 마라.
세상에서 가장 어려운 일에 도전하라.
스스로 행동하라. 진실을 대면하라.

영국 소설가 케서린 맨스필드. 남성에게 버림받은 고독한 여성을 그린 〈독일의 하숙집에서〉를 첫 발표했으며 〈행복〉 〈비둘기의 둥지〉 등의 작품을 썼다. '의식의 흐름' 기법에 능해 체호프와 비교되기도 한다.

Everything you need to make you happy is inside you.

<<< Anonymous

행복해지기 위해 필요한 모든 것은
바로 당신 안에 있습니다.

 최고가 되기 위해 모든 것을 이용하세요.
바로 이것이 제가 지금 살고 있는 방식이에요.

You'll never find a rainbow if you're looking down.

<<< Charlie Chaplin

땅만 보고 있어서는 결코 무지개를 볼 수 없어요.

영국 태생의 미국 희극 배우이자 영화감독인 찰리 채플린. 챙이 있는 더비 모자, 헐렁한 바지, 테일코트로 구성된 연미복, 큰 구두와 긴 지팡이가 특징이다. 물질만능주의 시대에서 인간성 회복의 주제를 다룬 것으로 유명하다.

It is not the mountain we conquer, but ourselves.

<<< Edmund Hillary

우리가 정복해야 하는 것은
산이 아니라,
우리들 자신입니다.

💬 소크라테스의 '너 자신을 알라'라는 말이 생각나네요~~

What can you do today to bring you one step closer to your goal?

<<< Anonymous

한 걸음 더 목표에 다가가기 위해서
오늘 무엇을 할 수 있을까?

048

Daily English Famous Saying

If you can't fly then run,
if you can't run then walk,
if you can't walk then crawl,
but whatever you do
you have to keep
moving forward.

<<< Martin Luther King Jr.

날지 못하겠으면 뛰세요, 뛰지 못하겠으면 걸으세요,
걷지 못하겠으면 기어가세요.
무엇을 하든지 쉬지 말고 앞으로 나아가세요.

미국의 흑인해방운동가이자 목사인 마틴 루터 킹의 연설문 중 부분.

049
Daily English Famous Saying

WE CANNOT BE SURE OF HAVING SOMETHING TO LIVE FOR UNLESS WE ARE WILLING TO DIE FOR IT.

<<< Ernesto Che Guevara

뭔가를 위해 목숨을 버릴 각오가 되어 있지 않다면,
그것이 삶의 목표라고 확신할 수 없습니다.

'쿠바의 두뇌'라고 불린 체 게바라가 그의 혁명 동지들에게 보낸 편지의 결구. 1928년 아르헨티나에서 태어난 그가 후일 사회주의 전사가 되는 데는 어머니의 영향이 컸다. 1959년 쿠바혁명에 성공하여 피델 카스트로가 정권을 잡자 쿠바 시민이 되었고 국가토지개혁위원회 위원장, 중앙은행 총재, 공업 장관 등을 역임했다.

Whenever you're in conflict with someone, there is one factor that can make the difference between damaging your relationship and deepening it. That factor is attitude.

<<< William James

어떤 사람과 갈등을 겪을 때마다
관계를 손상시키기도 하고 관계를 깊어지게 하기도 하는
한 가지 요소가 있습니다. 그것은 바로 태도입니다.

> 윌리엄 제임스는 미국의 실험심리학 창시자다.
> 평생 변하지 않은 인간의 마음에
> 대한 강한 관심과, 편견을 배제하고 실재에
> 다가서려는 그의 자세에는 인간의
> 자유의지에 대한 확신이 자리잡고 있다.

When the going gets tough, the tough get going.

<<< Proverb

삶이 힘들 때도 강한 사람들은 계속 나아간다.

WHOSO NEGLECTS LEARNING IN HIS YOUTH, LOSES THE PAST AND IS DEAD FOR THE FUTURE.

<<< Euripides

젊었을 때 배움을 소홀히 한 사람은
과거를 잃어버린,
미래가 없는 사람들이다.

고대 그리스의 극작가이자 3대 비극시인의 한 명인 에우리피데스는 합리적인 상황 해석과 새로운 극적 수법으로 그리스 비극에 큰 변모를 가져왔다.

053
Daily English Famous Saying

A smooth sea never made a skillful mariner.

<<< Walt Disney

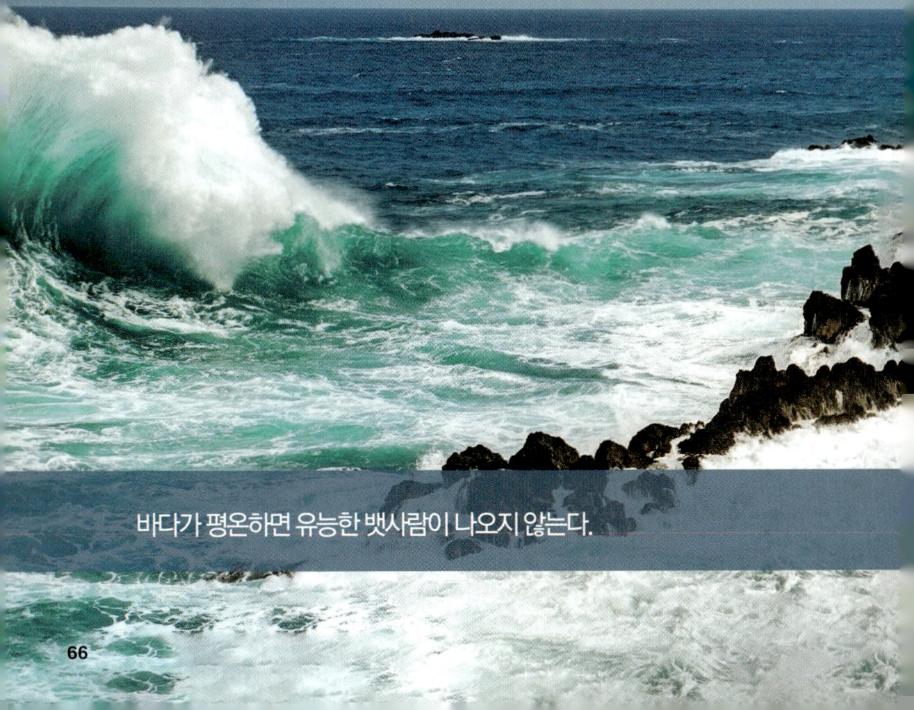

바다가 평온하면 유능한 뱃사람이 나오지 않는다.

The greater the obstacle, the more glory in overcoming it.

<<< Moliere

방해가 심할수록 그것을 극복했을 때의 기쁨도 크다.

프랑스 고전 희극의 완성자인 몰리에르. 종교 학교에서 철학과 법률을 배웠다. 허영심 많은 아내로 인해 평생 힘든 시간을 보냈다. 작품 속에 부정한 여성에 대한 조소가 많은 것은 아내의 영향으로 보인다.

The ultimate measure of a person is not where they stand in moments of comfort and convenience, but where they stand in times of challenge and controversy.

<<< Martin Luther King Jr.

사람을 판단하는 최고의 척도는
안락하고 편안한 시기에 보여주는 모습이 아닌,
도전하며 논란에 휩싸인 때 보여주는 모습이다

Waste no more time
talking about great souls
and how they should be.
Become one yourself!

<<< Marcus Aurelius Antoninus

위대한 사람에 대해,
또는 그 사람이 왜 위대한지에 대한 논쟁으로
시간을 낭비하지 말라.
스스로 위인이 되라.

It's lack of faith that makes people afraid of meeting challenges, and I believe in myself.

<<< Muhammad Ali

사람들은 믿음이 부족하기 때문에 도전하기를 두려워하지만, 나는 내 자신을 믿는다.

무하마드 알리(1942~2016) 1960년 로마 올림픽에서 라이트헤비급 금메달을 딴 후 프로로 전향해 9차 방어까지 성공했다. 월남전 참전 징집에 대해 "나를 검둥이라고 부르지 않는 베트콩과 싸울 이유가 없다"는 양심적 병역거부로 징역 5년형을 선고받고 챔피언벨트까지 빼앗겼다. 그러나 미국 내에서 반전(反戰)운동이 일어나자, 대법원의 무죄판결을 받고 3년 만에 링에 복귀했다.

Hope for the best, plan for the worst.

<<< Anonymous

최선을 다하고 최악에 대비하라.

I find that the harder I work, the more luck I have.

<<< Thomas Jefferson

노력을 하면 할수록
행운이 더 많이 온다는 것을
알게 되었습니다.

토머스 제퍼슨은 1800년 미국의 제3대 대통령에 당선되어 새 수도 워싱턴에서 취임식을 한 최초의 대통령이다. 미국의 건국이상인 1월4일 독립선언문은 주로 그가 작성한 것으로 알려졌다. 독립선언 50주년 기념일에 사망하였다.

Concentration comes out of a combination of confidence and hunger.

<<< Arnold Palmer

집중력은 자신감과 갈망의 조합물이다.

062

THEY SAY THAT TIME CHANGES THINGS, BUT YOU ACTUALLY HAVE TO CHANGE THEM YOURSELF.

<<< Andy Warhol

사람들은 시간이 뭔가를 변화시킨다고 말하지만
실제로는 당신 스스로 뭔가를 변화시켜야 한다.

> 앤디 워홀은 만화, 유명배우의 사진 등 대중적 이미지를 차용해
> 실크스크린으로 생산한 미국의 대표적인 팝아티스트다.

I play to win, whether during practice or a real game. And I will not let anything get in the way of me and my competitive enthusiasm to win.

<<< Michael Jordan

저는 연습경기에서든지 실제 시합에서든지
이기기 위해 농구를 합니다.
그리고 저는 그 어떤 것도 저와 승리를 향한
저의 열정을 방해하지 못하게 할 것입니다.

> NBA는 물론 세계 농구사를 통틀어 가장 위대한 선수로 평가받는 마이클 조던.
> 친구와의 사소한 내기에도 기필코 이기려고 하는 그의 승부욕과 정신적 강인함이
> 그를 전설의 반열에 오르게 했다.

If you can give your son or daughter only one gift, let it be *enthusiasm*.

<<< Bruce Barton

아들이나 딸에게 단 하나의 재능만을 줄 수 있다면, 열정을 주세요.

미국의 광고기획자인 브루스 바튼(Bruce Barton, 1886-1967)은 1925년에 출간한 〈아무도 모르는 남자: 참 예수의 발견〉으로 유명하다. 예수의 모든 언행을 광고의 전략·전술 차원에서 분석한 이 책은 미국의 1920년대 시대정신을 논할 때에 꼭 거론되곤 한다.

I AM AS PROUD OF WHAT WE DON'T DO AS I AM OF WHAT WE DO.

<<< Steve Jobs

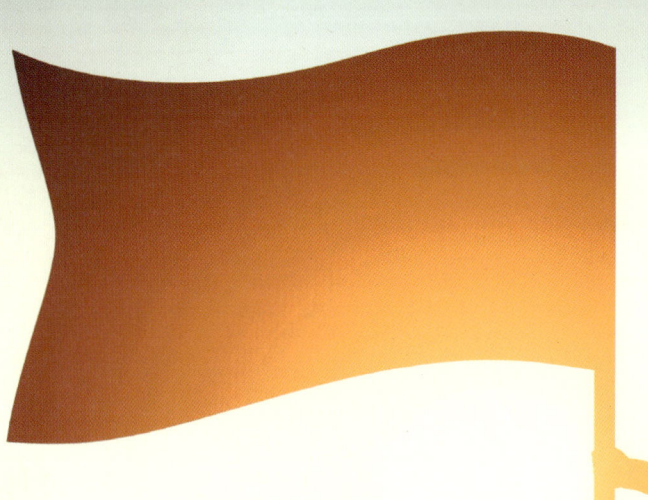

우리가 이룬 것만큼, 이루지 못한 것도 자랑스럽습니다.

Nothing great in the world has been accomplished without passion.

<<< George Wilhelm

이 세상의 모든 위대한 것들은
열정으로 이루어졌답니다.

067
Daily English
Famous Saying

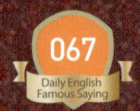

Change will not come if we wait for
some other person or some other time.
We are the ones we've been waiting for.
We are the change that we seek.

<<< Barack Obama

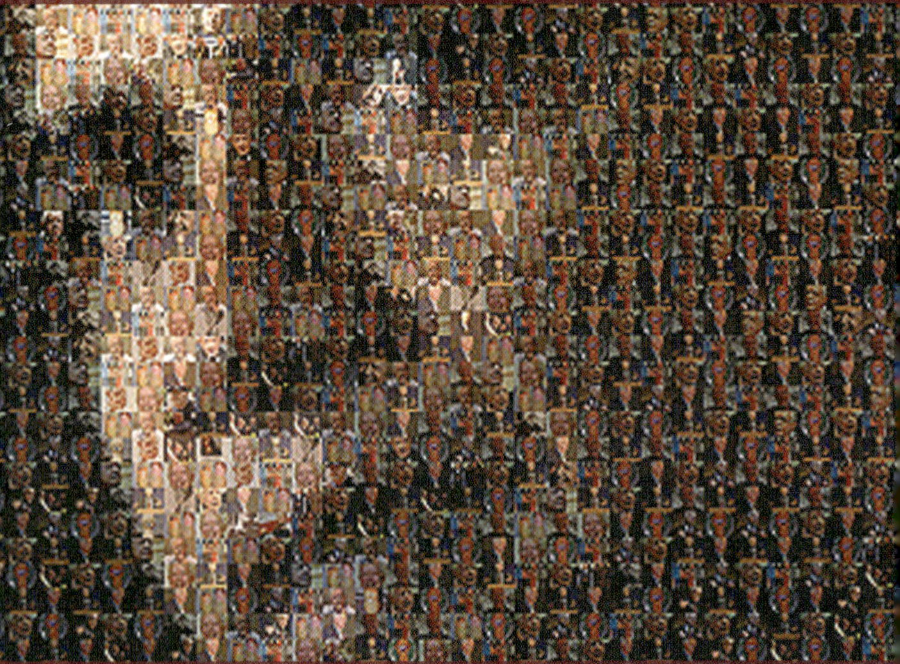

다른 사람이나 시간을 기다리고만 있다면 변화는 오지 않습니다.
우리가 기다리던 사람은 바로 우리 자신입니다.
우리가 찾던 변화는 바로 우리 자신입니다.

A man is not finished when he is defeated. He is finished when he quits.

<<< Richard Nixon

인간은 패배했을 때
끝나는 것이 아니라
포기했을 때
끝나는 것이다.

If you can't make it good, at least make it look good.

<<< Bill Gates

잘 만들 수 없다면 적어도 좋아 보이게는 만들어라.

Do the one thing you think
you cannot do.
Fail at it. Try again.
Do better the second time.
The only people who never
tumble are those who never mount
the high wire.
This is your moment. Own it.

<<< Oprah Winfrey

할 수 없을 것 같은 일을 해 보세요. 실패해 보세요. 다시 도전해 보세요.
이번에는 더 잘해 보세요. 넘어져 본 적이 없는 사람은 단지 위험을 감수해
본 적이 없는 사람입니다. 이제 여러분 차례입니다.
이 순간을 자신의 것으로 만드세요.

미국의 여성방송인. 20년 넘게 TV토크쇼 시청률 1위를 고수해왔던
'오프라 윈프리 쇼'의 진행자로 유명하다.

IF YOU'RE NEVER SCARED OR EMBARRASSED OR HURT, IT MEANS YOU NEVER TAKE ANY CHANCES.

<<< Julia Sorel

아직까지 두려움에 떨어보지 않았거나,
난처해지지 않았거나,
상처를 입지 않았다면,
당신은 어떤 모험도 경험해보지 않은 사람입니다.

줄리아 소렐. 다양한 필명을 사용했던 그녀의 본명은 로잘린 드렉슬러. 미국에서 매년 1명에게 수여되는 에미상을 수상했을 뿐만 아니라 팝아티스트, 프로레슬러, 영화대본작가 등으로 활동하기도 했다.

A likely **impossibility** is always preferable to an unconvincing **possibility.**

<<< Aristotle

불가능해 보이는 것은 불확실한 가능성보다 항상 더 낫다.

Always, always trust your first gut instincts. If you feel something's wrong, it usually is.

<<< Will Smith

향상, 언제든지 처음에 떠오른 직감을 믿으세요.
만약 무언가가 잘못되었다고 느낀다면
보통 그 생각이 맞거든요.

> 영화 〈나쁜녀석들〉, 〈맨 인 블랙〉 등으로 스타덤에 오른
> 미국 배우 윌 스미스. 그는 영화배우뿐만 아니라 래퍼,
> 힙합 가수, 제작자 등 다양한 분야에서 왕성한 활동을
> 하고 있다.

074

Daily English Famous Saying

Chapter_03

I don't think about risks much.
I just do what I want to do.
If you gotta go, you gotta go.

<<< Lillian Carte

저는 위험하다는 생각을 많이 하지 않아요.
그저 하고 싶은 것을 할 뿐이에요.
앞으로 가야 한다면, 가기만 하면 되거든요.

If you don't risk anything you risk even more.

<<< Erica Jong

어떠한 위험도 감수하지 않는다면
더 큰 위험에 처하게 됩니다.

미국 뉴욕 맨해튼 출신의 소설가이자 방송인인 에리카 종. 1975년 지그문트 프로이트 문학상을 비롯해 페르난다 피바노 문학상, 도빌 문학상 등을 수상했다.

Pain is temporary. Quitting lasts forever.

<<< Mario Cipollini

고통은 순간이지만
포기는 영원히 계속됩니다.

💬 이탈리아 전설의 사이클 선수 마리오 치폴리니. 특이한 복장을 즐기며 기이한 행동을 하기로 유명했던 그는 스프린터계에서 손꼽히는 탑클래스 선수였다. 2002년 세계도로사이클 챔피언이었다.

Failure is a detour;
Not a dead-end street.

<<< Zig Ziglar

실패란 막다른 길이 아니라
잠시 돌아가는 길이다.

 사람들이 자신의 꿈을 실현해 성공할 수 있도록 돕는 세계적인 동기부여가 지그 지글러. 〈정상에서 만납시다〉, 〈시도하지 않으면 아무것도 할 수 없다〉, 〈지금 변하지 않으면 더 이상 물러설 곳이 없다〉 등을 쓴 베스트셀러 작가이기도 하다.

What you risk reveals what you value.

<<< Jeanette Winterson

어떤 위험을 감수하는가를 보면,
무엇을 가치 있게 여기는지 알 수 있다.

1959년 영국 맨체스터에서 출생한 재닛 윈터슨. 태어나자마자 부모에게 버림받고 공장 노동자 가정으로 입양됐다. 첫 소설 〈오렌지만이 과일은 아니다〉 (1985)로 평단의 격찬을 받으며 휘트브레드 신인상을 수상했다. 평론가들로부터 '현대의 버지니아 울프'라는 격찬을 받는 작가다.

Once you say you're going to settle for second, that's what happens to you in life.

<<< John F. Kennedy

자신을 2류라고 말한다면,
그렇게 되기 마련이다.

It's not whether you get knocked down, it's whether you get back up.

<<< Vince Lombardi

쓰러지느냐 쓰러지지 않느냐가 중요한 것이 아니다.
중요한 것은 쓰러졌을 때 다시 일어서는 것이다.

빈스 롬바르디는 슈퍼볼 1, 2회 대회에서 그린베이 패커스팀을 우승시킨 전설적인 명감독이다. '월드챔피언십 트로피'가 1970년 암으로 사망한 그를 추모하는 의미에서 '빈스 롬바르디 트로피'로 바뀌었다.

Failure is the opportunity to begin again more intelligently.

<<< Henry Ford

실패란 보다 현명하게 다시 시작할 수 있는 기회다.

미국 최대의 자동차 제조업체 '포드'의 창설자 헨리 포드.
자동차를 대량 생산할 수 있는 조립라인 방식인 포드 시스템을 확립해
자동차 산업의 대중화에 기여했다.

Never bend your head. Hold it high. Look the world straight in the eye.

<<< Helen Keller

고개를 결코 떨구지 마세요.
고개를 치켜들고 세상을 똑바로 보세요.

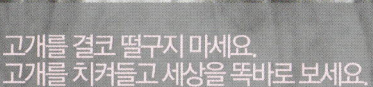 헬렌 켈러(Helen Keller, 1880.6.27~1968)는 생후 19개월에 열병을 앓은 후, 소경·귀머거리·벙어리가 되었다. 가정교사 A.M.설리번에게 교육을 받은 그녀는 1900년 하버드대학교 래드클리프 칼리지에 입학, 우등생으로 졸업했다. 전 세계 장애인들에게 희망을 주는 '빛의 천사'로도 불린다.

The future depends on what we do in the present.

<<< Mahatma Gandhi

미래는 지금 우리가 무엇을 하고 있는가에 달려 있답니다.

인도의 대문호 타고르가 간디를 방문해 '위대한 영혼'이란 뜻의 '마하트마(Mahatma)'라는 칭송시를 선사한 후 마하트마 간디로 불리게 되었다. 무소유를 실천한 정치지도자였으며, 가장 현실적인 이상주의자였다.

There are no great people
in this world,
Only great challenges
which ordinary people
rise to meet.

<<< William Frederick Halsey

이 세상에 위대한 사람은 없다.
단지 평범한 사람들이 일어서서
맞서는 위대한 도전이 있을 뿐이다.

Chapter 04
사랑
L O V E

**Immature love says,
I love you because
I need you,
mature love says,
I need you because
I love you.**

<<< Winston Churchill

미숙한 사랑은 '당신이 필요해서 당신을 사랑한다'고 하지만
성숙한 사랑은 '당신을 사랑하니까 당신이 필요하다'고 말을 합니다.

086 Daily English Famous Saying

It's not how much we give,
but how much love
we put into giving.

<<< Mother Teresa

얼마나 많이 주느냐보다
얼마나 많은 사랑을 담느냐가 중요하다.

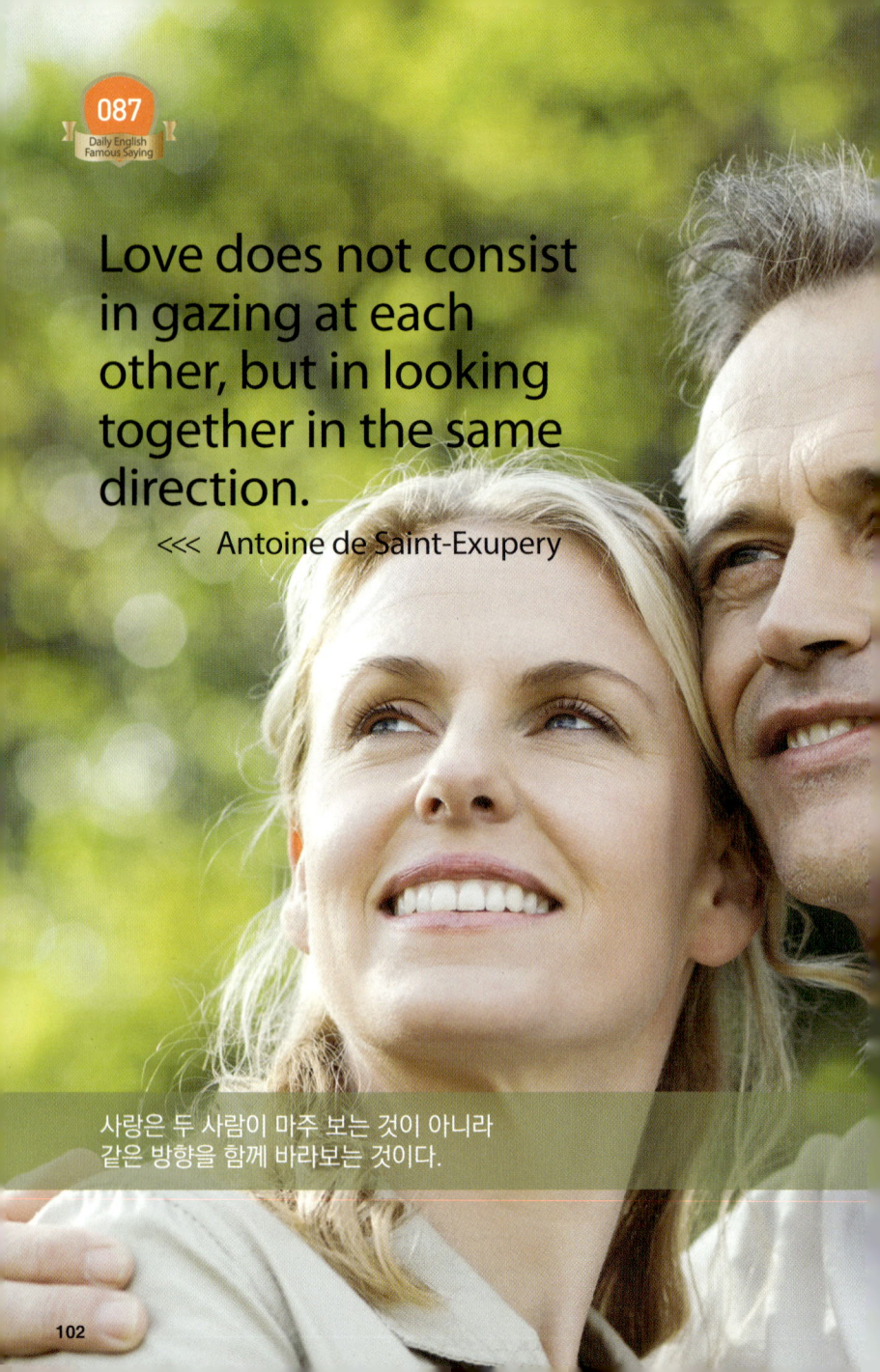

LOVE LOOKS NOT WITH THE EYES, BUT WITH THE MIND.

<<< William Shakespeare

사랑은 눈으로 보는 것이 아니라 마음으로 보는 거랍니다.

영국이 낳은 세계 최고 극작가 윌리엄 셰익스피어. 희·비극을 비롯해 38편의 희곡과 여러 권의 시집 및 소네트집이 있다.

What counts in making a happy marriage is not so much how compatible you are, but how you deal with incompatibility.

<<< Lev Tolstoy

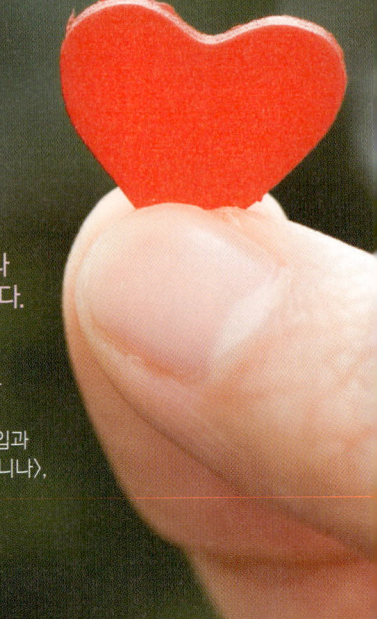

결혼 생활은 '서로 얼마나 잘 맞는가'가 아니라
'서로 다른 점을 어떻게 조절하는가'에 있습니다.

> 톨스토이(1828~1910). 19세기 러시아 문학을
> 대표하는 세계적 문호임과 동시에 문명비평가·
> 사상가였다. 대표작은 나폴레옹의 모스크바 침입과
> 러시아 사회를 그린 〈전쟁과 평화〉, 〈안나 카레니나〉,
> 〈바보 이반〉, 〈이반 일리치의 죽음〉 등이 있다.

JUST BECAUSE YOU LOVE SOMEONE DOESN'T MEAN YOU HAVE TO BE INVOLVED WITH THEM. LOVE IS NOT A BANDAGE TO COVER WOUNDS.

<<< Hugh Elliot

누구를 사랑한다고 해서 무조건 감싸줘야 하는 것은 아니다.
사랑은 상처를 덮는 붕대가 아니기 때문이다.

Absolutely! 사랑하기 때문에 따끔한 질책도 필요하죠!
오히려 감싸는 것은 사랑을 감소시키는 행위입니다.

What is Love? By Emma K. Age 6
Love is when you're missing some of your teeth but you're not afraid to smile. Because you know your friends will still love you even though some of you is missing.

<<< Emma's Note

사랑이 뭐죠? 여섯 살 된 엠마의 사랑은 이가 하나 빠졌을 때도 걱정 없이 웃을 수 있는 거예요.
왜냐하면 난 알거든요.
친구들은 내가 뭔가가 부족하더라도 날 사랑해 준다는 걸.

A coward is incapable of exhibiting love; it is the prerogative of the brave.

<<< Mahatma Gandhi

겁쟁이는 사랑을 드러낼 능력이 없다.
사랑은 용기 있는 자의 특권이다.

TO NOT KNOW YOU AND LIVE FOR 100 YEARS, I WOULD RATHER KNOW YOU AND DIE NOW.

<<< Pocahontas

100년 동안 당신을 모르고 사는 것보다
당신을 알고 차라리 지금 죽는 게 나아요.

〈포카혼타스 1595~1617, 미국 원주민, 디즈니 만화 주인공〉 영화 속 대사. 1995년 월트 디즈니 프로덕션 역사상 최초로 실화를 바탕으로 제작한 장편 애니메이션 영화. 1700년대 영국의 아메리카 개척 시대에 있었던 백인 개척자와 인디언 추장 딸과의 사랑이야기를 모티프로 한 작품이다.

If someone thinks that 'Love and Peace' is a cliche that must have been left behind in the sixties, that's his problem. Love and Peace are eternal.

<<< John Lennon

만약 누군가가 '사랑과 평화'가 60년대에 남겨진 상투적 문구라고 생각한다면, 그것은 그 사람의 문제입니다. '사랑과 평화'는 영원하기 때문이죠.

> To the world you may be one person, but to one person you may be the World.
>
> <<< Brandi Snyder

이 세상에게 당신은 그저 그런 한 사람이겠지만,
어떤 한 사람에게 당신은 세상 전부일지도 모릅니다.

> 닥터 수스 (Dr. Seuss | Theodore Seuss Geisel) 작가, 만화가. 칼데콧상과 풀리처상까지 받은 닥터 수스(Dr. Seuss)는 영어의 파닉스(Phonics, 음향학)하면 떠오르는 작가로 어린이의 흥미와 인지적 능력, 언어습득이론에 맞춰 작품을 썼다.

If what you felt then was true love, then it's never too late.

<<< Letters to Juliet

그때 당신이 느꼈던 감정이 사랑이었다면, 결코 늦은 게 아니에요.

〈레터스 투 줄리엣 Letters To Juliet, 2010〉. 로미오와 줄리엣의 도시 베로나, 사랑의 도시 시에나 등 유럽의 아름다운 풍광을 배경으로 펼쳐지는 아름다운 사랑이야기다. 50년 전 과거로부터 온 러브레터에 답장을 보내면서 펼쳐지는 주인공의 사랑이야기가 흥미로운 멜로 영화.

OUR LOVE IS LIKE THE WIND I CAN'T SEE IT. BUT I CAN FEEL IT.

<<< A Walk to Remember

우리의 사랑은 바람과 같아서 볼 수가 없어요.
하지만 느낄 수는 있답니다.

〈워크 투 리멤버〉, 실화를 바탕으로 사랑의 기적을 느끼게 하는 멜로 드라마. 영화의 두 주인공은 마을 목사의 딸인 제이미와 미래에 대한 계획도 믿음도 없이 무료한 일상을 보내는 랜든이다. 주변의 반대나 가혹한 운명에도 불구하고 애틋한 감정을 키워나가는 두 사람의 사랑 이야기가 노스캐롤라이나의 작은 마을 벤포트의 고등학교를 배경으로 펼쳐진다.

If you have one day left,
what would you do?
I'd spend it with you,
just being together.
Like now.
Doing nothing.

<<< If Only

하루밖에 못 산다면 넌 뭘 하고 싶니?
난 너와 함께 있을 거야,
지금처럼 아무것도 하지 않으면서...

〈이프 온리 If Only, 2004〉. 바이올린을 전공하는 사랑스러운 로맨티스트 사만다(제니퍼 러브 휴잇)와 자신의 일에만 몰두하는 성공한 젊은 비즈니스 맨 이안(폴 니콜스)의 가슴이 따뜻해지는 감성로맨스.

It's much easier to fall in love than to stay in love.

<<< African Proverb

사랑을 유지하는 것보다
사랑에 빠지는 게 더 쉽다.

I want my world to start and end with you.

<<< Fifty Shades of Grey

내 세상의 시작과 끝이 너와 함께였으면 좋겠어.

〈그레이의 50가지 그림자, Fifty Shades of Grey, 2015〉
1억권이 판매된 베스트셀러 동명 소설을 원작으로 한 영화.
원작 소설은 〈트와일라잇〉 시리즈 팬페이지에서
연재되던 팬픽이었다. 소설로 출간된 뒤 20주 연속 뉴욕타임즈
베스트셀러 1위를 기록했다.

101
Daily English Famous Saying

A successful marriage requires falling in love many times, always with the same person.

<<< Mignon McLaughlin

행복한 결혼 생활을 하려면 사랑에 계속 빠져야 하지만
상대는 항상 같은 사람이어야 합니다.

미뇽 맥래프린(1913-1983)은 미국의 저널리스트이자 작가이다.
볼티모어 메릴랜드에서 태어났고 뉴욕 시에서 성장했다.
여러 권의 금언집을 낸 작가로 명망을 얻었다.

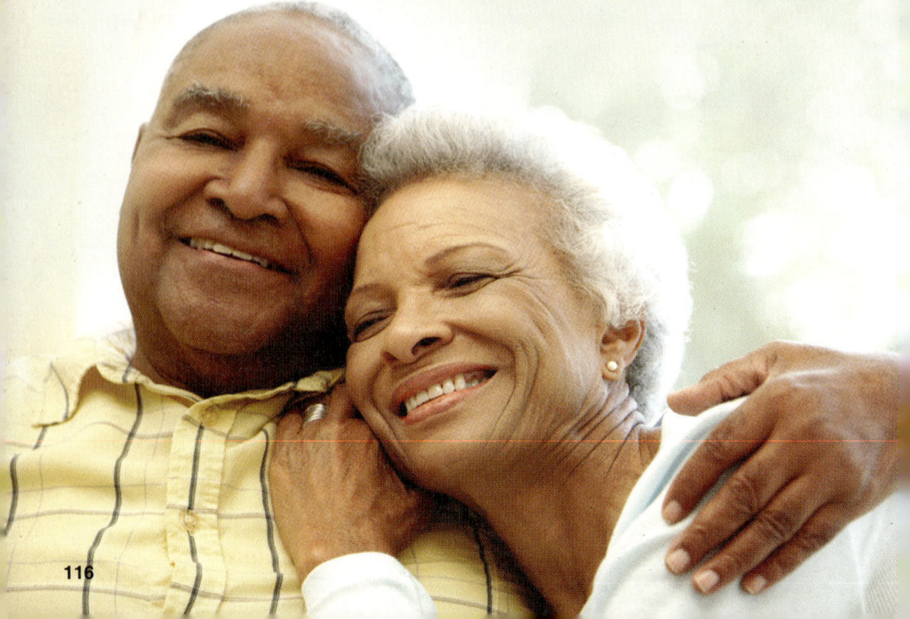

102

*If you love something, let it go.
If it comes back to you, it's yours forever.
If it doesn't,
then it was never meant to be.*

<<< Anonymous

누군가를 사랑하면 자유롭게 놓아 주세요.
다시 돌아오면 영원히 당신의 것이고,
돌아오지 않으면 원래부터 당신의 것이 아니에요.

내 자리가 아니란 걸 알았을 때, 망설임 없이 일어설 수 있는 용기!!
놔주지 않고 영원히 계속 제 곁에 있게 할 수는 없을까요...
놔주면 너무 그 시간이 고통스러우니까..

The best kind of kiss is when you have to stop because you can't help but smile.

<<< Anonymous

최고의 키스란 어쩔 수 없이 미소가 지어져서 멈춰지는 순간입니다.

104

Find someone who knows that you are not perfect but treats you as if you are.

<<< Anonymous

당신이 완벽하지 않다는 걸 알지만
당신이 완벽한 사람인 것처럼 대해주는
그런 사람을 찾으세요.

그러한 나를 사랑해주는~~~♡

The first duty of love is to listen.

<<< Paul Tillich

사랑의 첫 번째 의무는 상대방의 말에 귀 기울이는 것이다.

독일의 프로테스탄트 신학자이자 대학교수였던 폴 틸리히(Paul Tillich | Paul Johannes Tillich)는 독일의 루터파 교회 목사의 아들로 태어나, 신학과 철학을 공부한 후 목사가 되었다. 제1차 세계대전 중에는 종군목사로 활동했고 전후에는 종교사회주의 운동에 참가하기도 했다.

Learning to love yourself, is the greatest love of all.

<<< Whitney Houston

Chapter_04

자신을 사랑하는 법을 아는 것이 가장 위대한 사랑입니다.

LET NO ONE EVER COME TO YOU WITHOUT LEAVING BETTER AND HAPPIER.

<<< Mother Teresa

당신을 만나는 모든 사람이 당신과 헤어질 때는
더 나아지고 더 행복해질 수 있도록 하라.

Love begins with a smile, grows with a kiss and ends with a teardrop.

<<< Anonymous

사랑은 미소와 함께 시작하고
키스와 함께 자라나며,
눈물과 함께 끝이 난다.

단순히 죽음 때문에 흘리는 눈물만은 아닌 것 같아요.
Happy Ending도 있을 수 있잖아요. ^^

Love is like war: easy to begin but very hard to stop.

<<< Henry L. Mencken

사랑은 전쟁과 같다.
시작하기는 쉽지만 끝내기는 대단히 어렵다.

볼티모어의 독일계 비평가 헨리 루이스 맹켄(Henry Louis Mencken, 1880~1956)은 1920년대 미국에서 가장 영향력 있는 저널리스트로 활동했다.

110

Love is an act of endless forgiveness, a tender look which becomes a habit.

<<< Peter Ustinov

사랑은 끝없는 용서의 행위이며,
습관처럼 굳어지는 상냥한 표정이다.

영국 극작가 겸 배우이자 영화 감독으로 유명한 피터 유스티노프 (Peter Ustinov). 영화 〈School for Secrets〉, 〈Private Angelo〉 등의 각본과 감독을 맡았고, 영국 버라이어티클럽 최우수 남자배우상, 에이미 최우수남자배우상을 수상하기도 했다.

Being someone's first love may be great, but be their last is beyond perfect.

<<< Anonymous

누군가의 첫사랑이 되는 것은 대단한 일입니다.
하지만 마지막 사랑이 되는 것은
완벽을 뛰어넘는 일입니다.

> 누군가의 마지막 사랑이 되고 보니 그 사랑이
> 변한다면 더 슬플 거 같아요.

If you would be loved, love and be lovable.

<<< Benjamin Franklin

사랑받고 싶다면 사랑하라, 그리고 사랑스럽게 행동하라.

REAL LOVE IS A PERMANENTLY SELF-ENLARGING EXPERIENCE.

<<< M. Scott Peck

진정한 사랑은 영원히 자신을 성장시키는 경험이다.

M. 스캇 펙(Morgan Scott Peck, 1936~2005)는 의사이자 작가이다. 하버드대학(B.A.)과 케이스 웨스턴 리저브(M.D.)에서 수학한 후, 작가에서 사상가, 정신과 의사이자 베스트셀러 작가, 강연가, 영적 안내자로 활동했다.

Before I met you I never knew what it was like to be able to look at someone and smile for no reason.

<<< Anonymous

당신을 만나기 전에는 누군가를 쳐다보며 아무 이유 없이 미소 지을 수 있다는 것이 어떤 건지 몰랐어요.

💬 사랑하는 이에게 보여줘야겠네요 ~ ^^

115
Daily English Famous Saying

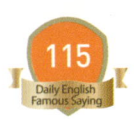

Who is wise in love, love most, say least.

<<< Alfred Tennyson

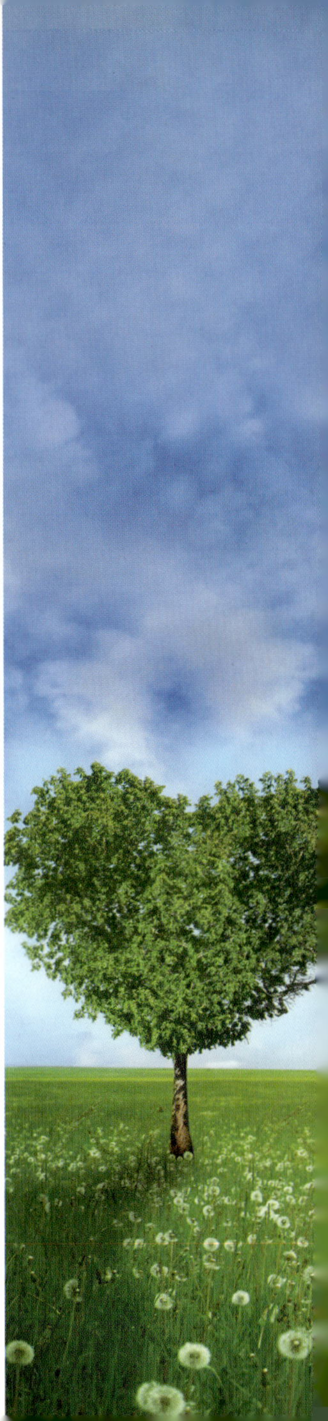

현명한 자의 사랑은
최대한 사랑하고,
최소한 말한다.

알프레드 테니슨 (Alfred Tennyson)
영국 시인. 17년간을 그리워했던 죽은 친구 핼럼에게 바치는 애가(哀歌)로 유명한 〈인 메모리엄〉이 그의 대표작이다. 영국 빅토리아 시대의 대표시인이다.

Don't you understand? You mean more to me than anything in this whole world!

<<< Peter Pan

모르겠어?
넌 이 세상 모든 것들보다
나에게 의미 있는 존재야.

Love is the delightful interval between meeting a beautiful girl and discovering that she looks like a haddock.

<<< John Barrymore

사랑은 아름다운 소녀와의 만남에서부터
그녀가 마치 꼴뚜기처럼
생겼다는 것을 발견하기까지의 즐거운 시간이다.

미국 영화배우 존 베리모어(John Barrymore). 미국에서 가장 유명한 배우 집안 출신이다. 연극배우인 모리스 블라이스가 아버지, 어머니 조지아 드류는 존 드류의 딸이며, 라이오넬과 에델 베리모어가 그의 형과 누나다.
그리고 그는 다이아나와 존 드류 베리모어의 아버지이기도 하다.
현재는 전업배우로 활동 중이다.

There is always some madness in love. But there is also always some reason in madness.

<<< Friedrich Nietzsche

사랑에는 항상 광기가 조금 있다.
그러나 광기에도 항상 이성이 조금 있다.

프리드리히 니체(Friedrich Nietzsche) 독일의 철학자, 시인. 대표작으로 〈반시대적 고찰〉, 〈짜라투스트라는 이렇게 말하였다〉 등이 있다. 쇼펜하우어의 의지철학을 계승했으며 실존주의의 선구자로 알려져 있다.

The only way to do great work is to love what you do.

<<< Steve Jobs

위대한 일을 이뤄내는 방법은
단 하나뿐이다.
당신이 하는 일을 사랑하는 것이다.

> I'm convinced that the only thing that kept me going was that I loved what I did. You've got to find what you love. And that is as true for your work as it is for your lovers.
> <<< Steve Jobs

제가 일을 계속할 수 있었던 유일한 이유는
내가 했던 일을 사랑했기 때문이라고 확신합니다.
여러분도 사랑하는 일을 찾아보세요.
사랑하는 사람을 찾는 것처럼
일 또한 마찬가지입니다.

*If I could give you one
thing in life,
I would give you the ability
to see yourself
through my eyes,
only then would you realize
how special you are to me.*

<<< Anonymous

살아가면서 당신께
한 가지 드릴 수 있다면
제 눈을 통해 당신 자신을
볼 수 있게 해주겠어요.
그래야 당신이 내게
얼마나 소중한지
알 수 있을 테니까요.

Be with people
who know your worth.
You don't need a lot of people
to be happy,
just a few who appreciate you
for who you are.

<<< Anonymous

당신의 가치를 알아주는 사람과 함께하세요.
행복해지기 위해서 굳이 많은 사람이 필요하지 않아요.
당신을 있는 그대로 인정해주는 몇 사람만 있으면 되거든요.

나이가 들어서는 가치 있는 사람을 보는 눈이 더 많이 필요한 듯.

You have to love every inch of yourself before you can give your all to someone else.

<<< Dating advice for daughters by Buzzfeed employees

다른 누군가에게 모든 것을 주기 전에 너를 먼저 사랑하렴.

It's okay to say "NO."

<<< Dating advice for daughters by Buzzfeed employees

NO라고 말해도 괜찮아.

Be with someone who accepts your flaws.

<<< Dating advice for daughters by Buzzfeed employees

너의 결점까지도 받아주는 그런 사람을 만나렴.

After your first heartbreak, you might think your life is over, but it's so not… someone much better will come along.

<<< Dating advice for daughters by Buzzfeed employees

첫 이별 때엔 세상이 끝난 것 같겠지만, 절대 아니란다.
더 좋은 사람이 생길 거야.

127
Daily English Famous Saying

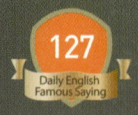

Don't waste your tears on dating.

<<< Dating advice for daughters by Buzzfeed employees

연애 때문에 눈물을 낭비하지 말거라.

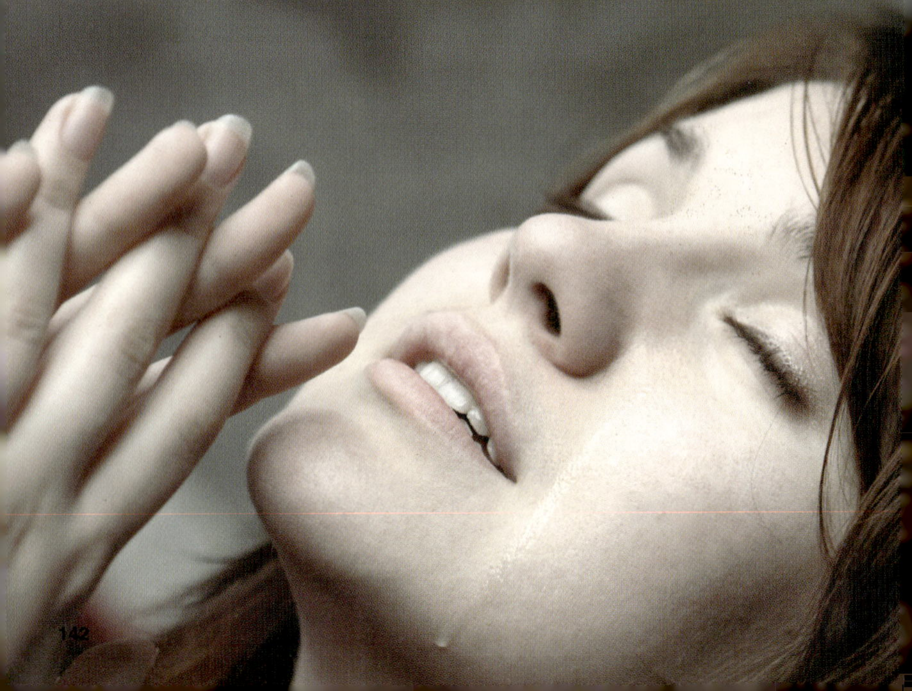

Find someone who thinks you're beautiful without makeup.

<<< Dating advice for daughters by Buzzfeed employees

화장을 하지 않아도
네가 아름답다고 생각해 주는 남자를 만나렴.

Intense love does not measure, it just gives.

<<< Mother Teresa

강렬한 사랑은 평가하지 않는다.
다만 주기만 한다.

Losing love is like an organ damage. It's like dying. The only difference is... Death ends. This? It could go on forever.

<<< Grey's Anatomy

사랑을 잃는다는 건 마치 몸속의 장기를 다치는 것과 같다.
그것은 죽음과도 같다.
죽음과 유일한 차이라면...
죽음은 끝이 있지만, 실연은 영원히 지속된다.

The true reason I should stay right where I am and not get in the car. Three words. Eight letters. Say it, and I'm yours.

<<< Gossip girl

내가 지금 이곳에 남고 저 차에 타지 말아야 할 진정한 이유.
3단어. 8글자. 말해, 그럼 난 네 거야.

 I want you! I need you!

It is only with the heart that one can see rightly; what is essential is invisible to the eye.

<<< Antoine de Saint-Exupery

마음으로 봐야만 정확하게 볼 수 있어.
정말 중요한 것은 눈에 보이지 않거든…

01
02
03
04
05
06
07
08
09
10
11
12

Chapter 05
용기

courage

Don't quit. Suffer now and live the rest of your life as a champion.

<<< Muhammad Ali

포기하지 마세요.
지금 고통을 겪고
남은 삶은 챔피언으로 사세요.

멋진 말이에요. 힘이 나는 말이기도 하고요.
오늘 헛되지 않게 하루를 보내서 시간이 흘러
내 인생의 챔피언이 될 거예요.

I'd sooner be called a successful crook than a destitute monarch.

<<< Charlie Chaplin

머지않아 사람들은 저를 가난한 군주보다는
성공한 사기꾼으로 부를 거예요.

ALL NOBLE THINGS ARE AS DIFFICULT AS THEY ARE RARE.

<<< Baruch Spinoza

모든 고귀한 일은 찾기 드문 만큼 하기도 어렵다.

네덜란드의 철학자. 자연주의에 바탕을 둔 참된 선, 최고의 행복, 진정한 자유와 해방을 철학적으로 추구했다.

Every time you state
what you want or believe,
you're the first to hear it.
It's a message
to both you and others
about what you think is possible.
Don't put a ceiling on yourself.

<<< Oprah Winfrey

당신이 바라거나 믿는 바를 말할 때마다, 그것을 가장 먼저
듣는 사람은 당신이다. 그것은 당신이 가능하다고 믿는 것에
대해 당신과 다른 사람 모두를 향한 메시지다.
스스로에 한계를 두지 마라.

> **Be without fear in the face of your enemies, speak the truth, always, even if it leads to your death, safeguard the helpless and do no wrong.
> That is your oath.**
>
> <<< Kingdom of Heaven

적들 앞에서 결코 두려워하지 말라.
늘 용기 있게 선을 행하고 생명을 걸고 진실만을 말하라.
약자를 보호하고 의를 행하라.
그것이 너의 소명이니라.

현대엔 실종된 듯한 단어네요. 새삼 필요성 자각.

No matter how far you have gone on a wrong road, turn back.

<<< Anonymous

아무리 멀리 갔더라도 그 길이
잘못된 길이라면, 되돌아오세요!

💬 되돌아올 수 있는 용기가 진짜 필요하지요^^
하지만 현실적으로 쉽지가 않죠.

I hope you live a life you're proud of.
And if you find that you're not,
I hope you have the strength
to start all over again.

<<< F. Scott Fitzergerald

스스로에게 자랑스러운 삶을 살았으면 좋겠어.
그리고, 이게 아니다 싶으면 모든 것을 다시 시작할 수 있는
용기가 있었으면 좋겠어.

Nobody can give you freedom.
Nobody can give you equality
or justice or anything.
If you are a man,
you take it.

<<< Malcom X

어떤 사람도 당신에게 자유를 줄 수 없습니다.
평등이나 정의 또는 다른 것들도 마찬가지입니다.
인간이라면 스스로 쟁취해야 합니다.

You have not failed until you quit trying.

<<< Gorden B. Hinckely

포기하지 않는 이상 실패한 것은 아니다.

포기하지 않고 오늘도 도전.
참 어려운 것 같으면서 좋은 말이네요.
포기하지 않으면 실패하지 않는다는 글귀..

Trust yourself.
You know more than you think you do.

<<< Benjamin Spock

당신을 믿으세요.
당신은 생각보다 훨씬 더 현명하니까요.

To be brave is to love someone unconditionally, without expecting anything in return.

<<< Madonna

용기라는 것은 아무런 대가를 바라지 않고
누군가를 조건 없이 사랑하는 것입니다.

💬 용기 있는 무조건적인 사랑 아름답습니다.

I'd rather be hated for who I am than be loved for who I'm not.

<<< Kurt Cobain

내가 아닌 다른 누군가가 되어 사랑을 받기보다는
차라리 지금 그대로의 내가 되어 미움을 받겠습니다.

> 타인에게 사랑받지 못해서 자신을 바꿀 필요는 없겠지…
> 하지만 그런 자신이 스스로도 싫다면 변화해 볼 만하지 않을까?

Courage doesn't mean you don't get afraid. Courage means you don't let fear stop you.

<<< Bethany Hamilton

용기는 두려움을 느끼지 못하는 것이 아닙니다.
용기는 두려움으로 인해서 멈추지 않는 것입니다.

Mistakes are always forgivable, if one has the courage to admit them.

<<< Bruce Lee

실수를 인정할 수 있는 용기만 있다면,
실수는 항상 용서된다.

You know, sometimes all you need is twenty seconds of insane courage. Just literally seconds of just embarrassing bravery and I promise you, something great will come of it.

<<< We Bought a Zoo

때론 미친 척하고 딱 20초만 용기를 내볼 필요가 있어,
정말 딱 20초만 창피해도 용기를 한 번 내봐
그럼 너에겐 정말로 멋진 일이 생길 거야.

To all my doubters, thank you very much because you guys have also pushed me.

<<< Usain Bolt

저를 의심하신 모든 분들께 진심으로 감사드립니다.
바로 당신들이 저를 더 빨리 달릴 수 있게 해주셨기 때문입니다.

자메이카 출생의 우사인 볼트는 1996년부터 육상을 시작해 2002년 세계주니어육상선수권 200m에서 우승했다. 2008년 베이징올림픽과 2012년 런던올림픽 그리고 2016년 리우올림픽 100m, 200m, 400m 계주에서 세 대회 연속 3관왕에 올랐다.

If you try to please everyone, you'll never please yourself.

<<< Dating advice for daughters by Buzzfeed employees

모든 사람의 기분을 맞추려다가는
정작 너 스스로 즐겁지가 않을 거야.

YOU CAN DELAY BUT YOU CAN'T DENY.

<<< Tyron Woodley

늦출 수는 있지만 부정할 수는 없습니다.

01
02
03
04
05
06
07
08
09
10
11
12

Chapter 06

성공

success

You can learn a little from victory;
you can learn everything from defeat.

<<< Christy Mathewson

승리하면 조금 배울 수 있고, 패배하면 모든 것을 배울 수 있습니다.

크리스티 매튜슨 (Christy Mathewson) '신사 투수'라는 애칭을 가진 미국의 야구선수이자 감독. MLB 역사에서 유일한 투수 상위 Top10에 올랐으며 사후에 First Five 창립 멤버의 한 명으로 야구 명예의 전당에 선출되었다.

Success is never a destination – it is a journey.

<<< Statenig St. Marie

성공은 결코 목적이 될 수 없어요.
하나의 여정이니까요.

스타테니그 세인트 마리(Statenig St. Marie) 미국 논픽션 작가

People with goals succeed
because they know
where they are going.
It's as simple as that.

<<< Earl Nightingale

목표가 있는 사람은 성공합니다.
어디로 가고 있는지를 알고 있기 때문이죠.
성공은 그렇게 간단합니다.

얼 나이팅게일(Earl Nightingale) 미국의 저술가이자 강연가. 50년 전 미국의 유명 라디오 진행자였던 나폴레온 힐, 제임스 알렌, 노먼 빈센트 필과 더불어 성공학의 대가로 손꼽히는 인물이다.

Nothing is impossible, the word itself says "I'm possible!"

<<< Audrey Hepburn

불가능은 없어요,
impossible이 '나는 할 수 있어'
라고 말하고 있으니까!

Why be a man when you can be a success?

<<< Bertolt Brecht

성공한 사람이 될 수 있는데
왜 평범한 사람이 되려고 하죠?

베르톨트 브레히트(1898~1956) 독일의 극작가, 시인. 존 게이의 작품을 번안한 사회풍자극 〈서푼짜리 오페라(1928)〉가 유명하다. 1933년 나치스가 독일을 장악하자 나치즘을 비판한 희곡 〈제3제국의 공포와 참상(1938)〉과 30년 전쟁을 주제로 한 〈억척어멈과 그 자식들(1941)〉 등을 집필했다.

SUCCESS FOLLOWS DOING WHAT YOU WANT TO DO. THERE IS NO OTHER WAY TO BE SUCCESSFUL.

<<< Malcolm Forbes

자신이 하고 싶은 것을 해야 성공할 수 있어요.
이것이야말로 유일한 성공 비결이죠.

말콤 포브스(Malcolm Stevenson Forbes) 기업인.
미국 경제 잡지 포브스 발행인이자,
포브스 최고경영자(CEO)인 그는 자본주의와
자유 시장 무역의 옹호자로 알려저 있다.

Success is never final, Failure is never fatal. It is courage that counts.

<<< Winston Churchill

성공은 절대 파국으로 끝나지 않으며
실패는 결코 치명적이지 않습니다.
중요한 것은 용기입니다.

A minute's success pays the failure of years.

<<< Robert Browning

단 1분의 성공이 몇 년 동안의 실패를 보상합니다.

로버트 브라우닝(Robert Browning) 영국 빅토리아 왕조를 대표하는 시인. 극적 독백의 수법으로〈리포 리피 신부〉,〈안드레아 델 사르토〉 등의 명작을 남겼다. 또 로마에서 일어난 살인사건을 갖가지 각도에서 관찰한 2만 행이 넘는 대작〈반지와 책〉을 완성했다.

It's fine to celebrate success but it is more important to heed the lessons of failure.

<<< Bill Gates

성공을 축하하는 것도 좋지만
실패를 통해 얻은 교훈에 주의를
기울이는 것이 더 중요합니다.

Try not to become a man of success but rather try to become a man of value.

<<< Albert Einstein

성공한 사람보다는 가치 있는 사람이
되려고 노력하세요.

알버트 아인슈타인. 1879년 독일에서 출생한 이론물리학자. 1905년 특수상대성이론을, 1916년에는 일반상대성이론을 발표하였다. 미국의 원자폭탄 연구인 맨해튼계획의 시초를 이루었으며, 통일장이론을 더욱 발전시켰다. 유대인 출신인 그는 유대민족주의 시오니즘운동의 지지자, 평화주의자로서 활약하였다.

*Never mind what others do;
do better than yourself,
beat your own record from
day to day, and you are a success.*

<<< William J.H. Boetcker

다른 사람이 뭘 하든 신경 쓰지 마세요.
지금보다 더 잘하려고 노력하고,
날마다 기록을 깨뜨리세요.
그렇게 한다면 성공할 테니까요.

> 윌리엄 존 헨리 보에커(1873-1962) 미국의 종교 지도자, 대중 연설가. 독일 함부르크에서 태어난 그는 미국에서 장로교 목사 안수를 받고 활동하였다. 오늘날 앤서니 로빈스와 같은 현대의 선도적인 '성공 코치' 중 한 명으로 불린다.

We all have a few failures under our belt. It's what makes us ready for the successes.

<<< Randy K. Milholland

사는 동안 몇 번의 실패를 겪게 되겠죠.
이것이 바로 우리를 성공으로 이끈답니다.

💬 랜디 K. 멀홀랜드(Randy K. Milholland) 미국의 웹 코믹작가.

> *The person who makes a success of living is the one who sees his goal steadily and aims for it unswervingly. That is dedication.*
>
> <<< Cecil B. DeMille

인생에서 성공하려면 끊임없이 목표를 바라보며 변함없이 목표를 쫓아가야 한다. 그것은 헌신이다.

세실 B. 드밀 (Cecil B. DeMille | Cecil Blount DeMille) 미국의 영화제작자 및 감독으로서 오늘날 패러마운트 영화사의 기초를 쌓았다. 대표작으로 〈폭군 네로〉, 〈평원아(平原兒)〉, 〈정복되지 않는 사람들〉, 〈십계〉 등이 있다.

*To be successful you have to be selfish,
or else you never achieve.
And once you get to your highest level,
then you have to be unselfish.
Stay reachable.
Stay in touch. Don't isolate.*

<<< Michael Jordan

성공하기 위해서는 이기적인 사람이 되어야 합니다.
그렇지 않고는 결코 그 어떤 것도 이룰 수가 없기 때문이죠.
하지만 성공한 사람의 반열에 오르면 이기적이 되어서는 안 됩니다.
다른 사람들과 친하게 지내고 연락을 하세요. 고립되지 마세요.

165
Daily English Famous Saying

Only those who dare to fail greatly can ever achieve greatly.

<<< John F. Kennedy

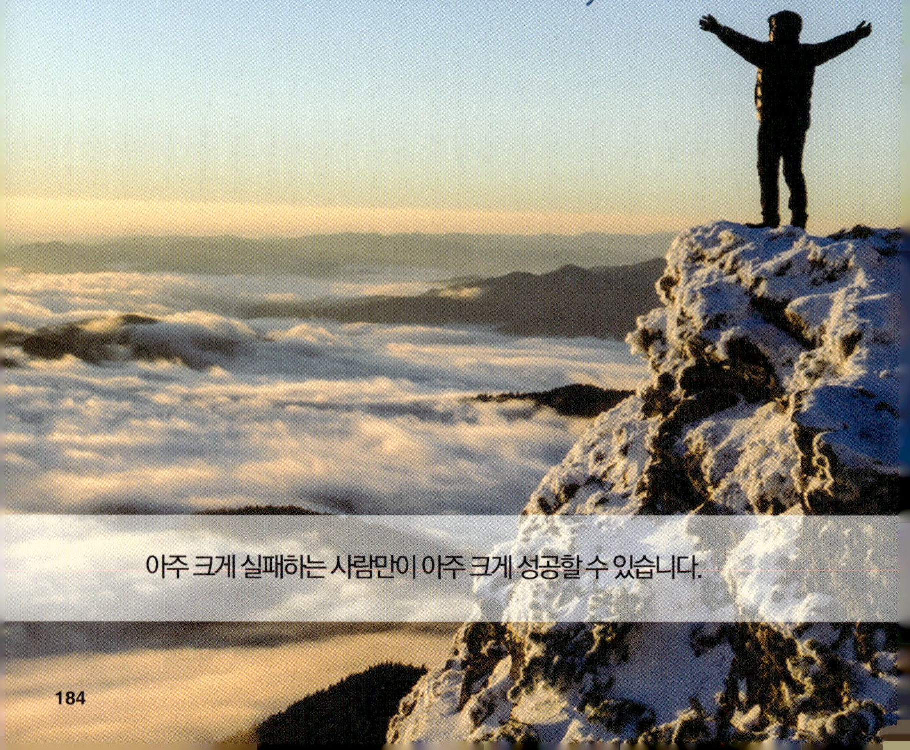

아주 크게 실패하는 사람만이 아주 크게 성공할 수 있습니다.

Believe and act as if it were impossible to fail.

<<< Charles F. Kettering

실패할 리 없다고 믿고 행동하라.

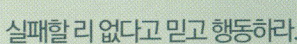 찰스 케터링(Charles Franklin Kettering, 1876-1958) 미국 오하이오 주에서 출생한 미국의 발명가 및 사업가. 델코의 창시자이며, 186개 특허의 소유자이고 제너럴 모터스(GM)에 핵심연구원이었다.

EVERYTHING COMES TO HIM WHO HUSTLES WHILE HE WAITS.

<<< Thomas A. Edison

열심히 노력하며 기다리는 사람이 성공합니다.

Success is a science; if you have the conditions, you get the result.

<<< Oscar Wilde

성공은 과학이다. 성공의 조건들을 갖추면 성공에 이른다.

오스카 와일드(1854~1900) 19세기 말 유미주의를 대표하는 아일랜드 출생의 극작가, 소설가, 시인. '미를 위한 미'를 주장하며 자연이 예술을 모방한다고 역설했다.

If your success is
not on your own terms,
if it looks good
to the world
but does not
feel good in
your heart,
it is not success at all.

<<< Anna Quindlen

자신의 힘으로 이룬 성공이 아니면,
남 보기에 좋아도 스스로 좋다고 느끼지 못하면,
결코 성공한 것이 아니다.

In Hollywood a marriage is a success if it outlasts milk.

<<< Rita Rudner

할리우드에서는 결혼생활이
우유의 유통기한을 넘겨 지속되면 성공이다.

리타 루드너(Rita Rudner) 미국의 코미디언, 작가 및 배우. 브로드웨이 댄서로 경력을 시작했고 스탠드업 코메디로 30년간 무대에서 활동했다. 그녀가 보여준 다양한 재능은 1980년대 코미디 전성시대를 열기도 했다.

Many of life's failures are people who did not realize how close they were to success when they gave up.

<<< Thomas A. Edison

인생에서 실패한 많은 사람들은 눈앞에
다가온 성공을 미처 깨닫지 못하고 포기하고 만다.

Success without honor is an unseasoned dish; it will satisfy your hunger, but it won't taste good.

<<< Joe Paterno

명예 없는 성공은 양념 없는 요리와 같다.
허기는 면할 수는 있지만 맛은 없다.

조 패터노(Joe Paterno | Joseph Vincent Paterno) 전 미식축구 감독. 펜실베이니아 주립대에서 60여년 동안 통산 409승을 거두고 37번의 대회 우승을 차지한 미국 역대 대학축구 최다승 감독이다.

To win without risk is to triumph without glory.

<<< Pierre Corneille

위험을 감수하지 않고 얻은 승리는
영예롭지 않은 승리이다.

피에르 코르네유 (Pierre Corneille) 고전주의
비극을 확립한 프랑스의 극작가

Success is the ability to go from one failure to another with no loss of enthusiasm.

<<< Winston Churchill

성공이란 열정을 잃지 않고 실패를
거듭할 수 있는 능력입니다.

175
Daily English Famous Saying

I've missed more than
9000 shots in my career.
I've lost almost 300 games.
26 times,
I've been trusted to
take the game winning
shot and missed.
I've failed over and over and over
again in my life.
And that is why I succeed.

<<< Michael Jordan

저는 선수 생활을 통틀어 슛을 9000번 이상 놓쳤습니다.
거의 300번의 경기에서 패했습니다.
승부를 뒤집을 수 있는 26번의 슛 기회를 놓쳤습니다.
사는 동안 실패를 거듭해왔습니다.
하지만 그것이 내가 성공한 이유입니다.

Always bear in mind that your own resolution to succeed is more important than any one thing.

<<< Abraham Lincoln

늘 명심하라.
성공하겠다는 자신의 결심이
다른 어떤 것보다 중요하다는 것을.

Success is a lousy teacher. It seduces smart people into thinking they can't lose.

<<< Bill Gates

성공은 형편없는 선생이다.
똑똑한 사람들로 하여금 자신이
절대 질 수 없다고 착각하게 만든다.

Chapter 07
인생·성숙 ①

Life & maturation

The earth has music for those who listen.

<<< William Shakespeare

귀 기울여 소리를 들어보면 세상은
아름다운 음악으로 가득합니다.

I have but one lamp by which my feet are guided and that is the lamp of experience. I know no way of judging of the future but by the past.

<<< Patrick Henry

나에게 길을 안내해 주는 등불은 하나뿐이다.
그것은 경험이라는 등불이다.
나는 과거에 의지하지 않고서는 미래를 안주하는 방법을 모른다.

감사합니다... 살아 숨 쉬는 순간순간의 경험은 결과에 따라
밝고 편한 등불이 되기도 하지요...

I never think of the future; it comes soon enough.

<<< Albert Einstein

나는 미래에 대해 결코 생각하지 않는다.
어차피 곧 닥치니까.

COMING SOON

I NEVER LOOKED AT THE CONSEQUENCES OF MISSING A BIG SHOT. WHEN YOU THINK ABOUT THE CONSEQUENCES YOU ALWAYS THINK OF A NEGATIVE RESULT.

<<< Michael Jordan

저는 중요한 슛을 놓친 결과에 절대 신경 쓰지 않아요.
그 결과에 대해 생각하게 되면
항상 부정적인 결과만 생각하게 되거든요.

*As you grow older,
you will discover that
you have two hands,
one for helping yourself,
the other for helping others.*

<<< Audrey Hepburn

나이가 들어가면서 손이 두 개라는 걸 알게 될 겁니다.
한 손은 나 자신을 돕기 위해, 다른 한 손은 남을 돕기 위한 거란 걸...

나 또한 누군가를 위해 무엇을 준비한다면
그 또한 행복이 배가 될 수 있죠.
누군가가 나를 위해 무엇인가를 준비하고 있음은
생각만 해도 행복한 일이에요!!!

Beauty without virtue is a rose without scent.

<<< Proverb

덕이 없는 아름다움은 향기가 없는 장미와 같다.

People, even more than things, have to be restored, renewed, revived, reclaimed, and redeemed; never throw out anyone.

<<< Audrey Hepburn

다른 무엇보다 사람이야말로 회복되어야 하고, 새로워져야 하고, 되살아나야 하고, 깨우치고, 구원받아야 한다. 결코 누구도 버려서는 안 된다.

True life is lived when tiny changes occur.

<<< Lev Tolstoy

작은 변화가 일어날 때 진정한 삶을 살게 된다.

소소함이 편안한 행복이듯
작은 변화의 실천은 이미 반 성공했네요.

Tomorrow hopes we have learned something from yesterday.

<<< John Wayne

내일은 우리가 어제로부터 뭔가를
배우기를 바라고 있습니다.

To truly laugh,
you must be able to take your pain,
and play with it!

<<< Charlie Chaplin

진정으로 웃으려면 고통을 참아야 하며,
고통을 즐길 수 있어야 한다.

타인뿐만 아니라 나 자신을 웃기기란 결코 쉽지 않다.
참으로 요즘 같은 시대에 필요한 정신입니다.

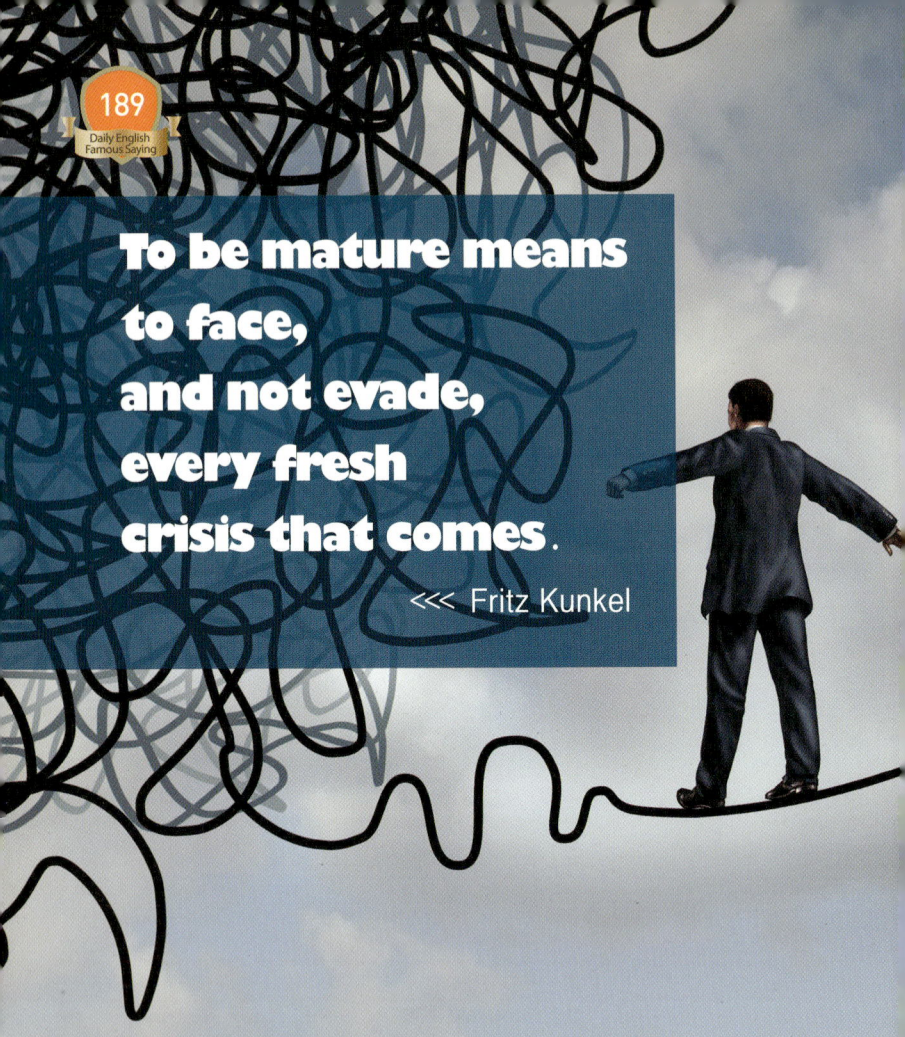

To be mature means to face, and not evade, every fresh crisis that comes.

<<< Fritz Kunkel

성숙하다는 것은
다가오는 모든 새로운 위기를
피하지 않고 마주하는 것을 의미한다.

190
Daily English Famous Saying

Chapter_07

We could never learn to be brave and patient, if there were only joy in the world.

<<< Helen Keller

이 세상에 기쁨만이 존재한다면
우리는 결코 용감해지거나 인내심을 배울 수 없을 것이다.

 이 세상에 불만이 없다면...

Oh yes,
the past can hurt.
But the way I see it,
you can either run from it
or learn from it.

<<< Lion King

그래, 과거는 아플 수 있지.
하지만 너는 과거로부터 도망칠 수도 있고, 배울 수도 있어.

우리는 확실히 과거로부터
도망칠 수도 있고 배울 수도 있지요.
과거로부터 배우고 성숙해져서
오늘의 내가 있는 것입니다.

There's nothing wrong with keeping a secret if the truth is gonna hurt someone.

<<< Gossip Girl

진실이 누군가를 다치게 한다면,
비밀을 지키는 건 나쁜 게 아니잖아.

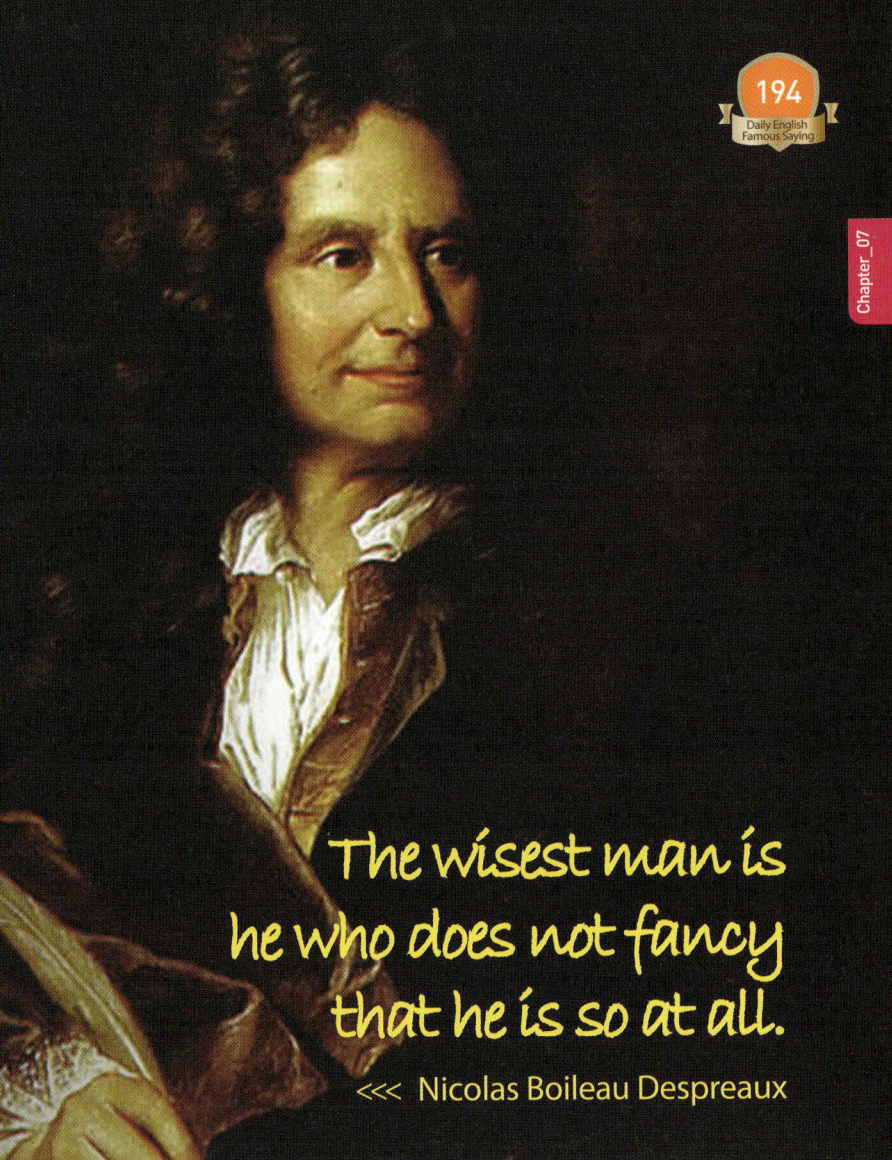

The wisest man is he who does not fancy that he is so at all.

<<< Nicolas Boileau Despreaux

가장 현명한 사람은 스스로를 현명하다고
전혀 생각하지 않는 사람이다.

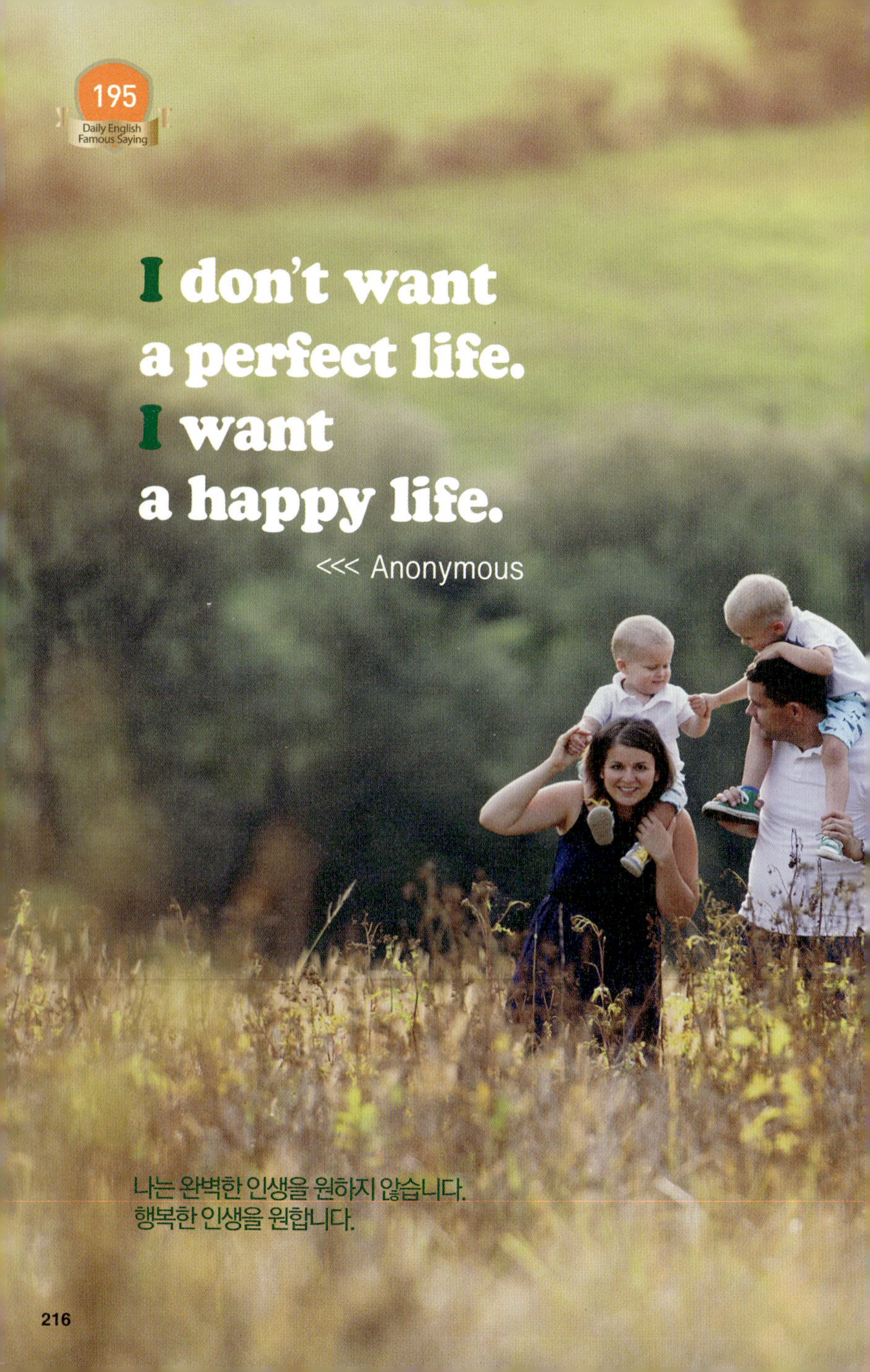

195
Daily English Famous Saying

I don't want a perfect life. I want a happy life.

<<< Anonymous

나는 완벽한 인생을 원하지 않습니다.
행복한 인생을 원합니다.

Nothing is permanent in this wicked world - not even our troubles.

<<< Charlie Chaplin

이 사악한 세상에서 영원한 것은 없다.
우리가 겪는 어려움조차도...

Television has proved that people will look at anything rather than each other.

<<< Ann Landers

텔레비전은 사람들이 서로 얼굴을 마주 보느니
기꺼이 다른 것을 보려 한다는 것을 입증했어.

Error is the discipline through which we advance.

<<< William Ellery Channing

실수란
앞으로 나아가는
과정에서 오는 훈련이다.

잘못을 통해 배워 가는 거죠^^ '인내는 쓰고 열매는 달다'란 속담이 생각납니다…

The gratification comes in the doing, not in the results.
<<< James Dean

만족은 결과가 아니라 과정에서 온다.

결과를 생각하면 바라만 보게 되고, 과정을 생각하면 몸이 움직여요~ 교과서적인 과정은 시간을 갖고 욕심 버리고 과정의 중요성을 깨달아가며 성공을 기대해야겠죠. 분명한 것은 많은 경험이 큰 역할을 한다는 겟!!

Worry is like a rocking chair – it gives you something to do but it doesn't get you anywhere.

<<< Erma Bombeck

걱정은 흔들의자와 같다.
끊임없이 뭔가를 하게 하지만,
결국 제자리에 있게 한다.

> 1960년부터 1990년 후반까지 활동한 미국의 유머작가이자 신문 칼럼니스트이다. 베스트셀러 작가이자 4,000개가 넘은 칼럼을 미국, 캐나다의 유력 신문에 기고했다. 시골에서 평범한 가정주부로 살면서 대중적이면서도 친근한 유머로 인기를 끌었다.

Your time is limited, so don't waste it living someone else's life. Don't be trapped by dogma - which is living with the results of other people's thinking. Don't let the noise of others' opinions drown out your own inner voice.

<<< Steve Jobs

시간은 한정되어 있습니다. 그러니 남의 인생을 살면서 시간을 낭비하지 마세요. 다른 사람들이 생각해낸 결과에 얽매어 사는 도그마에 빠지지 마세요. 다른 사람의 의견이 여러분 내부의 목소리를 잠식하도록 놔두지 마세요.

Age is no guarantee of maturity.

<<< Lawana Blackwell

나이가 성숙을 보장하지는 않는다.

옳은 얘깁니다. 나이가 들수록 고정관념이나 선입견만 늘어나 성숙함을 방해하는 경우도 많지요.

Since a politician never believes what he says, he is surprised when others believe him.

<<< Charles de Gaulle

정치가는 자신이 한 말을 믿지 않기 때문에,
다른 사람들이 자신을 믿으면 놀란다.

프랑스의 군인이자 정치가였던 드골. 제2차 세계대전 중 군사전략가로 활동했으며 제5공화국 초대 대통령을 역임했다. 대통령이 되자 12개의 아프리카 식민지에 독립을 부여했으며, 나토(NATO)로부터 탈퇴하고, 프랑스를 핵보유국으로 만들었다. 1969년에 실시한 국민 투표에서 패배한 후 사임했다.

Only when the last tree has died and the last river been poisoned and the last fish been caught will we realize we cannot eat money.

<<< Indian Proverb

마지막 나무가 없어지고 나서야, 마지막 강물이 오염되고 나서야, 마지막 물고기를 잡고 나서야
우리는 돈을 먹을 수 없다는 것을 깨달을 것이다.

> 인간은 지나간 다음에야 깨달음이 있나 봐요.
> 발전적 미래지향적 마인드와 대체에너지 등 후손들에게
> 더 큰 삶의 질 향상을 남겨주도록 노력합시다!

ISN'T LIFE A SERIES OF IMAGES THAT CHANGE AS THEY REPEAT THEMSELVES?

<<< Andy Warhol

인생은 스스로를 반복시키면서 변하는 모습들이 아닐까?

Regret for wasted time is more wasted time.

<<< Mason Cooley

낭비한 시간에 대한 후회는 더 큰 시간 낭비이다.

메이슨 쿨리(1927년~2002년). 미국의 작가이며 기지가 넘치는 경구를 잘 썼던 것으로 유명하다. UC Berkeley에서 박사 학위를 받고 1959년부터 1967년까지 콜롬비아 대학에서 영어과 교수를 역임하기도 했다.

When life puts you in tough situations, don't say "why me" just say "try me."

<<< Anonymous

삶이 그대를 힘든 상황에 처하게 할 때면,
"왜 나야"라고 불평하지 말고,
"그래! 한번 해보자!"라고 말해보세요.

힘든 고비는 힘차게 떨치면 돼요.

Sometimes you got to run before you can walk.

<<< Iron Man

가끔은 걸음마를 떼기 전에 달려야 할 때도 있어.

영화 〈아이언맨〉에서 로버트 다우니 주니어가 연기한 '토니 스타크'의 대사.
그는 주인공으로서 백만장자, 공학도, 사업가 등 다양한 캐릭터를 가지고 있다.

You can be smart and happy or stupid and miserable. It's your choice.

<<< Gordon B. Hinckley

여러분은 똑똑하고 행복해질 수도 있고
혹은 어리석고 비참해질 수도 있습니다.
이것은 당신의 선택입니다.

Gordon Bitner Hinckley(1910~2008)
미국의 종교 지도자. 2004년 조지 W. 부시 대통령에 의해
자유 훈장을 받았다.

*First you take a drink,
then the drink takes a drink,
then the drink takes you.*

<<< F. Scott Fitzgerald

처음에는 당신이 술을 마시고,
다음에는 술이 술을 마시고,
그 다음에는 술이 당신을 마신다.

프랜시스 스콧 피츠제럴드(1896~1940) 미국 소설가. 대표작인 〈위대한 개츠비 The Great Gatsby〉(1925)를 통해 전후 미국 사회를 뒤덮은 공허함과 방탕한 생활을 즐기는 상류사회의 모습을 잘 표현함으로써 20세기 가장 위대한 미국문학으로 평가받기도 했다. 알코올 중독과 병고에 시달리다가 소설 〈마지막 거물〉을 집필 중 심장마비로 사망했다.

That you may retain your self-respect, it is better to displease the people by doing what you know is right, than to temporarily please them by doing what you know is wrong.

<<< William J. H. Boetcker

그대가 자존심을 지키고자 한다면,
잘못된 일을 함으로써 일시적으로
사람들을 기분 좋게 하는 것보다,
옳은 일을 함으로써 사람들을
불편하게 하는 것이 낫다.

Patterning your life around other's opinions is nothing more than slavery.

<<< Lawana Blackwell

다른 사람의 생각에
자신의 인생을 맞춰가는 것은
노예나 다름없다.

Life is tough,
and if you have the ability
to laugh at it
you have the ability to enjoy it.

<<< Salma Hayek

인생은 험난하다.
인생을 두고 웃을 수 있는 능력이 있다면
인생을 즐길 능력이 있는 것이다.

셀마 헤이엑은 아담한 체격에 관능적인 곡선미를 가진 멕시코 출신 여배우다. 그녀가 제작에도 참여한 전기 영화 〈프리다(2002)〉에서 멕시코의 화가이자 정치 운동가인 프리다 칼로를 연기해 아카데미 여우주연상 후보에 오르기도 했다.

Just because you can't see anything doesn't mean you should shut your eyes.

<<< Ray Charles

보이지 않는다고
눈을 감을 필요는 없습니다.

1930년 미국 조지아 주에서 태어난 레이찰스. 블루스, 소울, 가스펠, 재즈 등 다양한 양식을 선보이며 미국 흑인음악의 성장을 이끌었다. 대표곡으로 〈왓드 아이 세이〉, 〈조지아 온 마이 마인드〉, 〈히트 더 로드 잭〉, 〈아이 캔트 스톱 러빙 유〉 등이 있고, 1986년 로큰롤 명예의 전당에 헌액되기도 했다.

Life is not fair; get used to it.

<<< Bill Gates

인생이란 결코 공평하지 않다.
이 사실에 익숙해져라.

Chapter_07

I never attempt to make money on the stock market. I buy on the assumption that they could close the market the next day and not reopen it for five years.

<<< Warren Buffett

나는 주식에서 돈을 벌려고 한 적이 없다.
나는 5년 동안 주식시장이 문을 열지 않아도
살아남을 수 있을 만한 기업에 투자한다.

Life is like a box of chocolates. You never know what you are gonna get.

<<< Forrest Gump

**인생은 초콜릿 상자와도 같아.
상자를 열기 전까지는 어떤 맛이 들어 있을지 모르지.**

〈포레스트 검프〉 속 대사.
윈스톤 그룹의 동명 소설을 각색한 코미디 드라마 영화다.

Nothing is a waste of time if you use the experience wisely.

<<< Auguste Rodin

경험을 현명하게 사용한다면,
어떤 일도 시간 낭비는 아니다.

프랑스 조각가 오귀스트 로댕. 〈생각하는 사람〉,
〈칼레의 시민〉, 〈발작〉등의 기념비적 작품들은
근대 조각의 출발점이 되었다.

When life brings big winds of change that almost blow you over... close your eyes, hang on tight, and *BELIEVE*.

<<< Anonymous

당신을 넘어뜨릴 만한 강한 변화의 바람이 불어올지라도
눈을 감고 버티세요. 그리고 믿으세요.

눈을 감고 잠시 생각에 잠기면 어디로 가야 될지 길이 보이더군요~
버티는 것만이 다가 아닙니다. 현명하게 선택하는 것이 맞다고 생각합니다.

Many persons have a wrong idea of what constitutes true happiness. It is not attained through self-gratification but through fidelity to a worthy purpose.

<<< Helen Keller

많은 사람들이 진정한 행복에 대해 생각을 잘못하고 있어요.
행복은 자기만족을 통해서가 아니라,
가치 있는 목적에 충실해야 얻을 수 있어요.

First keep the peace within yourself then you can also bring peace to others.

<<< Thomas a Kempis

먼저 자신의 마음이 평온해야
다른 사람도 평온하게 대할 수 있다.

Nothing of me is original. I am the combined effort of everybody I've ever known.

<<< Chuck Palahniuk

나라는 존재는 본래의 내가 아니야.
지금까지 만났던 모든 사람들의 노력의 집합체이거든.

척 팔라닉은 1962년에 태어난 우크라이나계 미국인 출신 작가다. 그는 자신의 첫 소설을 거절한 출판사에 복수할 마음으로 〈파이트 클럽〉을 썼고, 이 작품은 퍼시픽노스웨스트 북셀러상과 오리건북 상을 안겨주었다.

When you talk, you are only repeating what you **already know** but if you listen, you may learn **something new.**

<<< Dalai Lama

말을 할 때는 단지 당신이 알고 있는 것들을 반복해서 얘기할 뿐입니다.
하지만 귀 기울여 듣는다면, 무언가 새로운 것을 배울 수 있을 것입니다.

티베트 망명정부의 실질적 지도자이자 정신적 지주인 달라이 라마.
그의 이름은 몽골어로 큰 바다를 뜻하는 '달라이'와 티베트어로
영적인 스승을 뜻하는 '라마'가 합쳐진 말로, 넓은 바다와 같이
큰 덕을 지닌 스승을 뜻한다.

Why worry? If you've done the very best you can, worrying won't make it any better.

<<< Walt Disney

왜 걱정하세요? 당신이 할 수 있는 모든 최선을 다한 거라면, 걱정한다고 해도 더 나아지지는 않을 텐데요.

Chapter 08
인생·성숙②

life & maturation

There is only one time when it is essential to awaken. That time is now.

<<< Buddha

반드시 깨어 있어야만 하는 유일한 시간이 있다.
그 시간은 바로 지금이다.

> 본래의 성은 고타마(Gotama), 이름은 싯다르타(Siddhartha)다.
> 부다가야의 보리수 아래에서 명상에 잠겨 깨달음을 얻었다.
> 80세에 쿠시 나가라의 사라 쌍수 숲 속에서 열반하였다.

Life is a dream for the wise, a game for the fool, a comedy for the rich, a tragedy for the poor.

<<< Sholem Aleichem

인생은 현명한 사람에게는 꿈이고,
어리석은 자에겐 게임이며, 부자에겐 코미디이고,
가난한 이에겐 비극이다.

러시아 출신 미국 극작가 겸 소설가 숄렘 알레이헴. 키예프 등지에서 저널리스트 생활을 하면서 문단활동을 했다. 유머가 넘치는 작품을 많이 남겼으며 대표작으로는 우유배달부 토비에를 주인공으로 한 연작이 있다.

THOSE WHO CANNOT REMEMBER THE PAST ARE CONDEMNED TO REPEAT IT.

<<< George Santayana

과거를 기억하지 못하는 사람들은 과거를 반복하기 마련이다.

산타야나(1863년~1952년 미국 출생) 미국의 철학자이자 시인이다. 하버드대학 졸업 후 5년간 철학교수를 역임했고 첫 작품 〈미의 의식〉에서는 자연주의적 입장을 발전시킨 비판적 실재론을 설명해 T.S.엘리엇 등에게 영향을 주었다.

228
Daily English
Famous Saying

Life is like a roller coaster, it has its ups and downs. But it is your choice to scream or enjoy the ride.

<<< Anonymous

인생은 롤러코스터와도 같아.
높이 치솟아 오르기도 하고
아래로 곤두박질치기도 하지.
하지만 비명을 지르든 그것을 즐기든
그건 자신의 선택이야.

I remain just one thing,
and one thing only,
and that is a clown.
It places me on a far higher plane
than any politician.

<<< Charlie Chaplin

나는 오로지 단 하나, 단 하나의 존재로 남아 있다.
그것은 바로 광대다.
광대라는 존재는 나를 그 어떤 정치인보다
더 높은 수준으로 끌어올린다.

Sometimes you just have to jump off the bridge and learn to fly on the way down.

<<< Anonymous

가끔은 다리에서 뛰어내려 아래로 떨어지면서
날아가는 법을 배울 필요도 있다.

Only the person who has faith in himself is able to be faithful to others.

<<< Erich Fromm

자신에게 충실한 사람만이
다른 사람들에게도 충실할 수 있다.

사회주의 휴머니즘은 독일 출신의 사회심리학자 에리히 프롬이 꿈꾼 이상이었다. 대표적인 저서로는 〈사랑의 기술〉(1956), 〈소유냐 존재냐〉(1976), 〈자유로부터의 도피〉(1941) 등이 있다.

Life is half spent before we know what it is.

<<< George Herbert

인생의 의미를 깨달았을 때는
이미 인생의 절반 이상이 지난 후이다.

조지 허버트(1593~1633 영국 출생)는 종교시인이다. 펜부룩 백작에 관련된 귀족 가문이었으나 성직자의 꿈을 갖고 37세의 나이에 목사가 되었다. 그 후 죽기 전까지 종교시집을 펴냈다.

Time is the most valuable thing a man can spend.

<<< Theophrastus

시간은 인간이 쓸 수 있는 가장 값어치 있는 것이다.

아리스토텔레스가 과도한 명석함을 꾸짖을 만큼 뛰어난 제자로 알려진 테오프라스투스. 미학과 예술이론에 관심을 갖고 〈시학(Poetics)〉은 물론 〈화성학(Harmonics)〉과 〈음악에 관하여(On Music)〉를 저술하기도 했다.

Life is like riding a bicycle. To keep your balance you must keep moving.

<<< Albert Einstein

인생은 자전거를 타는 것과 같아서
균형을 잡으려면 계속 움직여야 한다.

Life is pleasant.
Death is peaceful.
It's the transition
that's troublesome.

<<< Isaac Asimov

삶은 즐겁다. 죽음은 평화롭다.
골칫거리는 바로 그 중간 과정이다.

러시아에서 태어났으나 어려서 미국으로 귀화한 아이작 아시모프. 전공은 생화학이었지만 천문학, 물리학 등에 지식이 해박해 미래사회를 묘사하는 데 탁월한 미국 SF소설계의 1인자다. 저서는 〈파운데이션〉, 〈우주기류〉, 〈행복의 별 및 소행성(小行星)의 약탈자〉 등 200여 권에 달한다.

Life is the art of drawing sufficient conclusions from insufficient premises.

<<< Samuel Butler

삶은 불충분한 가정에서
충분한 결론을 이끌어내는 예술이다.

새뮤얼 버틀러(1612~1680) 영국 풍자 작가 겸 시인. 빅토리아 시대의 종교 도덕에 대한 통렬한 비판을 던진 〈만인의 길〉은 사후에 출판된 책으로 그의 대표작이다.

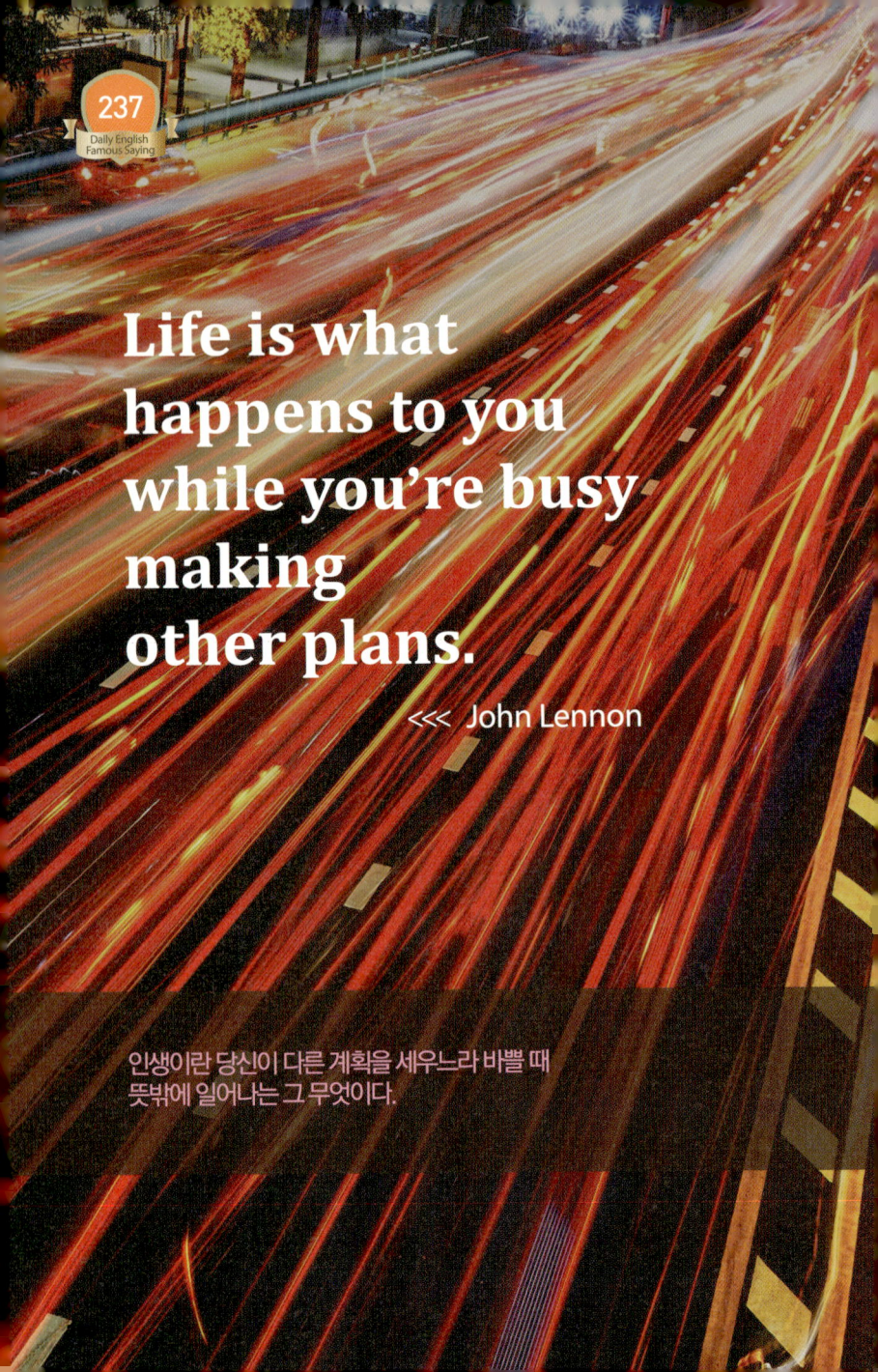

*It takes 20 years
to build
a reputation and five
minutes to ruin it.
If you think
about that,
you'll do things
differently.*

<<< Warren Buffett

명성을 쌓는 데는 20년이란 세월이 걸리지만
그 명성을 망가뜨리는 데는 채 5분도 걸리지 않는다.
그것을 명심한다면, 당신의 행동이 달라질 것이다.

A person who never made a mistake, never tried anything new.

<<< Albert Einstein

단 한 번의 실수도 하지 않았던 사람은
단 한 번의 시도조차 하지 않았던 사람이다.

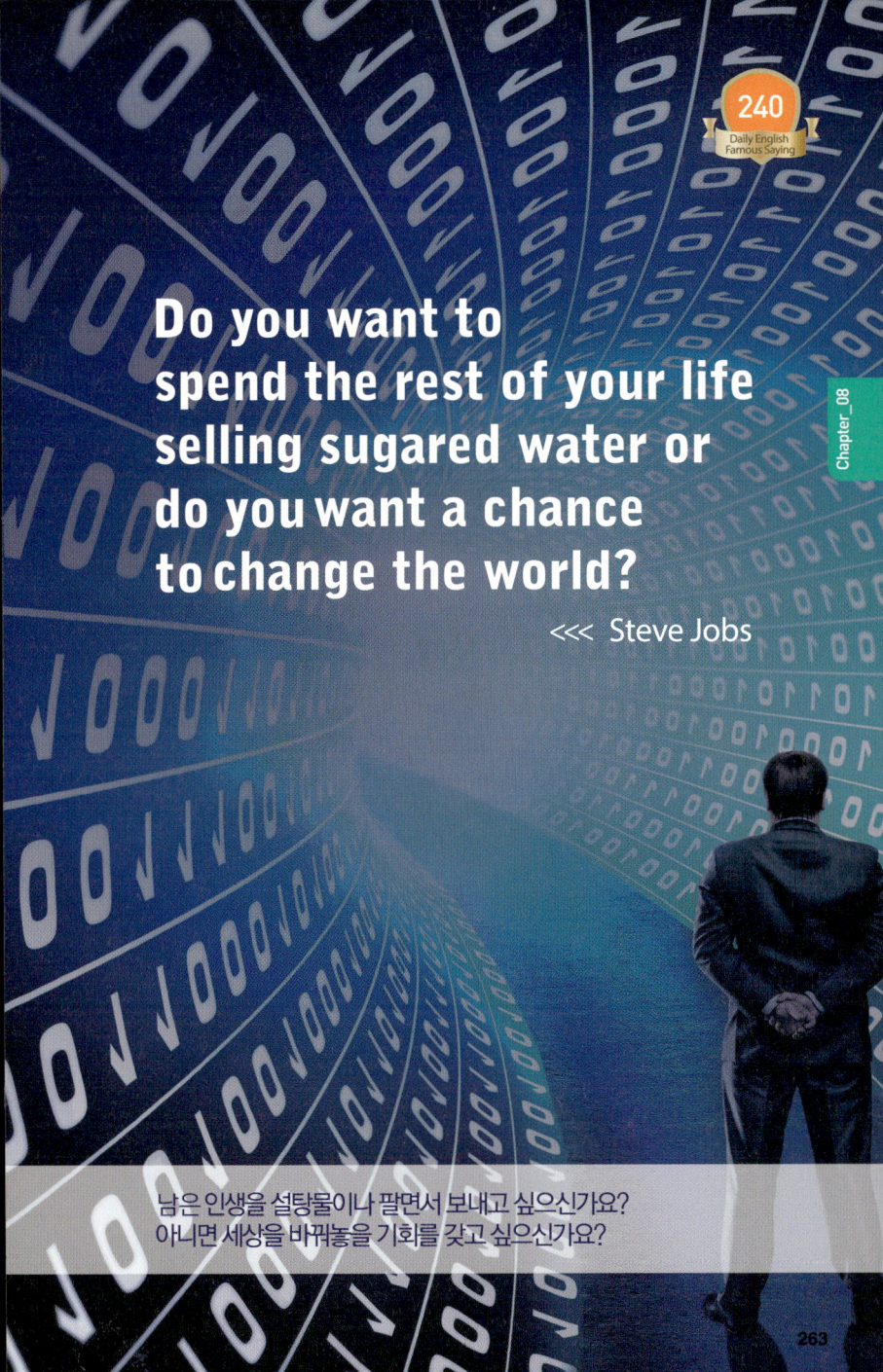

**If you have a talent,
use it in every which way possible.
Don't hoard it.
Don't dole it out like a miser.
Spend it lavishly
like a millionaire
intent on going broke.**

<<< Brendan Francis Behan

재능이 있거든 가능한 한 모든 방법을 동원해서 써라.
쌓아두지 마라. 구두쇠처럼 아껴 쓰지 마라.
파산하려는 백만장자처럼 아낌없이 써라.

브렌던 비언(Brendan Francis Behan 1923~1964)
더블린 출신의 아일랜드 극작가. 어린 시절부터 아일랜드의
독립운동에 참가하다가 소년원이나 교도소에 수감되기도 했다.
옥중 경험을 살린 희곡 《사형수 The Quare Fellow(1954)》와
1958년 독립전쟁을 치르고 있는 병사들을 그린
《인질(人質) The Hostage》 등의 작품이 있다.

ABOUT THE ONLY THING THAT COMES TO US WITHOUT EFFORT IS OLD AGE.

<<< Gloria Pitzer

우리가 노력 없이 얻을 수 있는 유일한 것은 노년이다.

하루하루 열심히 산 노력의 결과물이 노년 아닐까요?
흐르는 시간을 그 누구도 막을 수 없기에…
후회가 조금이라도 덜 남게 노력해야겠어요~

We are all travelling through time together, everyday of our lives. All we can do is do our best to relish this remarkable ride.

<<< About Time

우리는 매일의 삶을 시간과 함께 여행하고 있어요.
우리가 할 수 있는 건 이 훌륭한 여행을 즐기기 위해
최선을 다하는 것뿐이랍니다.

Never lose sight of who you are.

<<< Dating advice for daughters by Buzzfeed employees

네가 누구인지 절대 잊지 말거라.

WHO ARE YOU ?

Always laugh when you can. It is cheap medicine.

<<< George Gordon Byron

웃을 수 있을 때 언제든지 웃으세요.
웃음은 아주 저렴한 보약이에요.

조지 고든 바이런(1786~1824) 낭만주의의 대표적 작가. 그리스와 터키 등을 여행하고 돌아와 〈차일드 해럴드의 순례(1812)〉를 발표했다. "어느 날 아침에 눈을 뜨니 유명해졌더라"라는 말은 바로 이때의 일이다.

Paradise is where I am!

<<< Voltaire

내가 있는 곳이 낙원이라!

Don't ask what the meaning of life is. You define it.

<<< Anonymous

삶의 의미가 무엇인지 묻지 마세요.
당신이 정의를 내리세요.

Destiny is not a matter of chance, but a matter of choice; It is not a thing to be waited for, it is a thing to be achieved.

<<< William Jennings Bryan

운명은 우연의 문제가 아니라 선택의 문제다.
운명은 기다리는 것이 아니라 성취되는 것이다.

> 윌리엄 브라이언(1860~1925) 미국의 정치가. 네브래스카주에서 변호사로 활동하다가 1890년과 1892년에 하원의원에 당선되었다. 국내적으로는 금권정치를, 밖으로는 제국주의를 반대하며 평화유지에 힘쓴 진보정치인으로 평가받고 있다.

A hero can be anyone.
Even a man doing something
as simple and reassuring
as putting a coat
around a little boy's shoulder
to let him know that
the world hadn't ended.

<<< The Dark Knight Rises

영웅은 누구나 될 수 있어.
어린 아이의 어깨에 코트를 걸쳐주며
아주 단순한 몸짓으로 안심시키면서,
세상은 아직 끝나지 않았다고 말해주는
그런 남자가 바로 영웅이야.

〈다크 나이트〉의 후속편으로 제작된 크리스토퍼 놀란 감독의 영화 〈다크 나이트 라이즈〉 속 배트맨의 대사.

One man may hit the mark,
another blunder;
but heed not these distinctions.
Only from the alliance of the one,
working with and through the other,
are great things born.

<<< Antoine de Saint-Exupery

누군가는 성공하고 누군가는 실수할 수도 있다.
하지만 이런 차이에 너무 집착하지 말라.
타인과 함께, 타인을 통해서 협력할 때에야
비로소 위대한 탄생이 시작된다.

Home is the place we love best and grumble the most.

<<< Billy Sunday

가정은 우리가 가장 많이 사랑하고
가장 많이 투덜대는 곳이다.

The greatest pleasure in life is doing what people say you cannot do.

<<< Walter Bagehot

인생에 있어서 가장 즐거운 것은
사람들이 당신이 해낼 수 없을 거라 말한 것을
해내는 것이다.

I think people
that have a brother or sister
don't realize how lucky they are.
Sure, they fight a lot,
but to know that there's
always somebody there,
somebody that's family.

<<< Trey Parker

형제자매가 있는 사람은 자신이 얼마나 운이 좋은지 몰라.
물론 많이 싸우겠지, 하지만 항상 누군가 곁에 있잖아,
가족이라 부를 수 있는 존재가 곁에 있잖아.

I don't believe in heaven and hell.
I don't know if I believe in God.
All I know is that as an individual,
I won't allow this life
- the only thing I know to exist -
to be wasted.

<<< George Clooney

나는 천국과 지옥을 믿지 않습니다.
내가 하나님을 믿는지도 모르겠습니다.
한 개인으로서 내가 아는 것은 이것뿐입니다.
이 인생 – 존재한다는 것을 알고 있는 유일한 것 – 이
낭비되게 두지는 않을 것이라는 것이요.

By the time I'd grown up I naturally supposed that I'd be grown up.

<<< Eve Babitz

내가 어른이 됐을 때쯤,
나는 자연스레
내가 어른이 됐을 거라 생각했다.

읽으면서 어른이란 의미에 곰곰이 생각에 잠기네요~
20살만 넘으면 난 내가 의젓한 어른이 됐을 거라 생각했지만
25살인 현재 아직도 난 생각하는 게 초딩 수준인 듯

257
Daily English Famous Saying

Life is a long lesson in humility.

<<< James M. Barrie

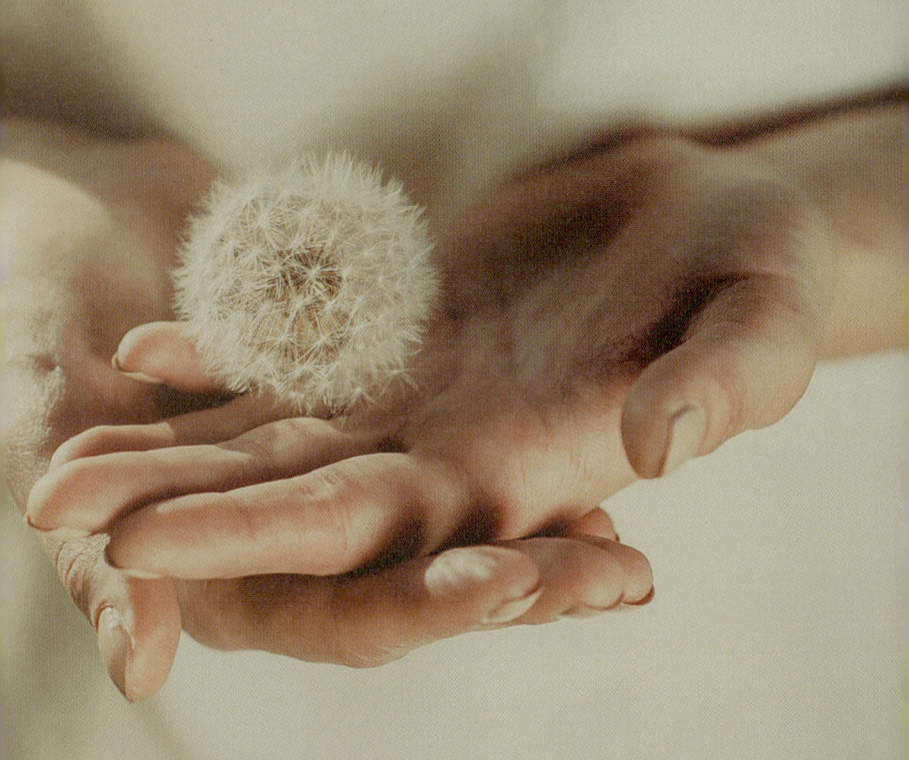

인생은 겸손에 대한 오랜 수업이다.

What is the difference between
I like you and I love you.
Beautifully answered by Buddha:
"When you like a flower,
you just pluck it.
But when you love a flower,
you water it daily!"
One who understands this,
understands life...

<<< Buddha

Chapter_08

좋아하는 것과 사랑하는 것의 차이는 무엇일까요?
부처님께서 이렇게 답했습니다.
"꽃을 좋아한다면 꺾기 마련이지만
꽃을 사랑한다면, 매일 물을 줄 거예요."
이 말을 이해한다면, 인생을 이해하는 겁니다.

The greatest lesson in life is to know that even fools are right sometimes.

<<< Winston Churchill

인생에서 가장 위대한 교훈은,
심지어 바보조차도
때때로 옳다는 걸 아는 것이다.

260
Daily English Famous Saying

If you love life, then do not squander time because that is what life is made of.

<<< Benjamin Franklin

인생을 사랑한다면 시간을 헛되이 버리지 말라.
왜냐하면 인생이란 시간으로 만들어지기 때문이다.

Your life does not get better by chance, It gets better by change.

<<< Jim, Cotes Du Rhone

삶은 우연한 기회가 아닌 변화로 나아진다.

Life always offers you a second chance. It's called "TOMORROW."

<<< Anonymous

삶은 항상 우리에게 또 한번의 기회를 준다.
그것은 바로 내일이라는 기회이다.

내일이 없다면 인간은 죽은 거나 마찬가지죠.
그래도 오늘보단 내일이 나으리란 생각을 항상 간직하자고요.

**For what it's worth,
it's never too late or,
in my case, too early,
to be whoever
you want to be.
There's no limit,
to start
whatever you want.
You can change
or stay the same.
There are no rules
to this thing.**

<<< The Curious Case of
Benjamin Button

뭔가 가치가 있다면,
그것을 시작하기에 너무 늦은 때는 없어.
내 경우에는 너무 이른 때가 없었다는 거야.
원하는 대로 사는 것에 늦은 때란 없지.
언제라도 원할 때 시작하면 돼,
제약은 없으니까.
넌 변할 수도 있고,
지금처럼 그대로 있을 수도 있겠지.
인생에는 규칙이 없으니까.

〈벤자민 버튼의 시간은 거꾸로 간다 (The Curious Case Of Benjamin Button)〉는 나이를 역행하는 인물의 기이한 삶을 통해 정체성과 정상성의 문제를 풍자적으로 그린 작품이다.

Don't be afraid
your life will end;
be afraid
that it will never begin.

<<< Grace Hansen

인생이 끝나게 될까 두려워하지 마라.
시작조차 하지 않은 인생을 두려워하라.

Happiness isn't something you experience ; It's something you remember.

<<< Anonymous

행복은 경험하는 것이 아니라 기억하는 것이다.

Relationships may come and go but your family will always be by your side.

<<< Dating advice for daughters by Buzzfeed employees

애인과 만나기도 하고, 헤어지기도 하겠지만 가족은 항상 너의 곁에 있단다.

The central struggle
of parenthood is
to let our hopes for our children
outweigh our fears.

<<< Ellen Goodman

자녀를 키울 때 가장 힘든 일은
자녀에 대한 희망을 두려움보다
앞세우는 것이다.

Some are kissing mothers and some are scolding mothers, but it is love just the same.

<<< Pearl Buck

키스해주는 어머니도 있고
꾸중하는 어머니도 있지만
사랑하기는 마찬가지이다.

Level with your child by being honest. Nobody spots a phony quicker than a child.

<<< Mary MacCracken

솔직함으로 자녀들과 수준을 맞춰라.
거짓을 아이들보다
더 빨리 눈치채는 사람은 없다.

If children grew up according to early indications, we should have nothing but geniuses.

<<< Johann Wolfgang von Goethe

Chapter_08

어린이들이 어릴 적 그대로 자라준다면 세상에는 천재들만 있을 것이다.

01
02
03
04
05
06
07
08
09
10
11
12

Chapter 09
교육·독서

education

271

Daily English Famous Saying

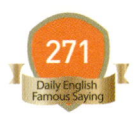

Reading is to the mind what exercise is to the body.

<<< Richard Steele

독서가 정신에 미치는 영향은
운동이 신체에 미치는 영향과 같다.

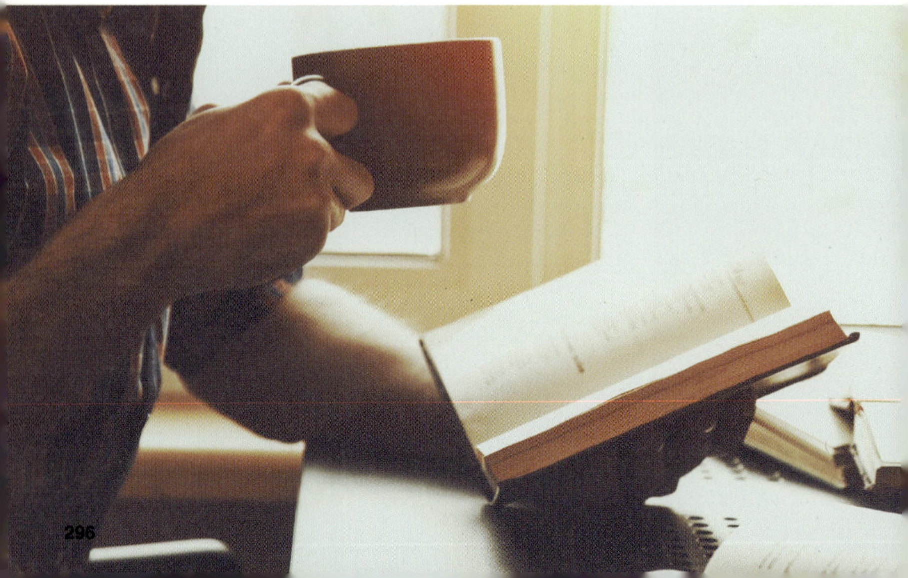

**A truly great book
should be read in youth,
again in maturity and
once more in old age,
as a fine building should be seen
by morning light,
at noon and by moonlight.**

<<< Robertson Davies

훌륭한 건물은 아침 햇살에 비춰보고 정오에 보고
달빛에도 비춰보아야 하듯
진정으로 훌륭한 책은 유년기에 읽고 청년기에 다시 읽고
노년기에 또 다시 읽어야 한다.

There is no mistaking a real book when one meets it. It is like falling in love.

<<< Christopher Morley

진정한 책을 만났을 때는 틀림이 없습니다.
그것은 사랑에 빠지는 것과도 같습니다.

274

Wear the old coat and buy the new book!

<<< Austin Phelps

낡은 외투를 입고 새 책을 사라!

> 틀렸구나 했을 때 피가 되고 살이 됩니다.
> 새 외투도 책도 사야겠어요.

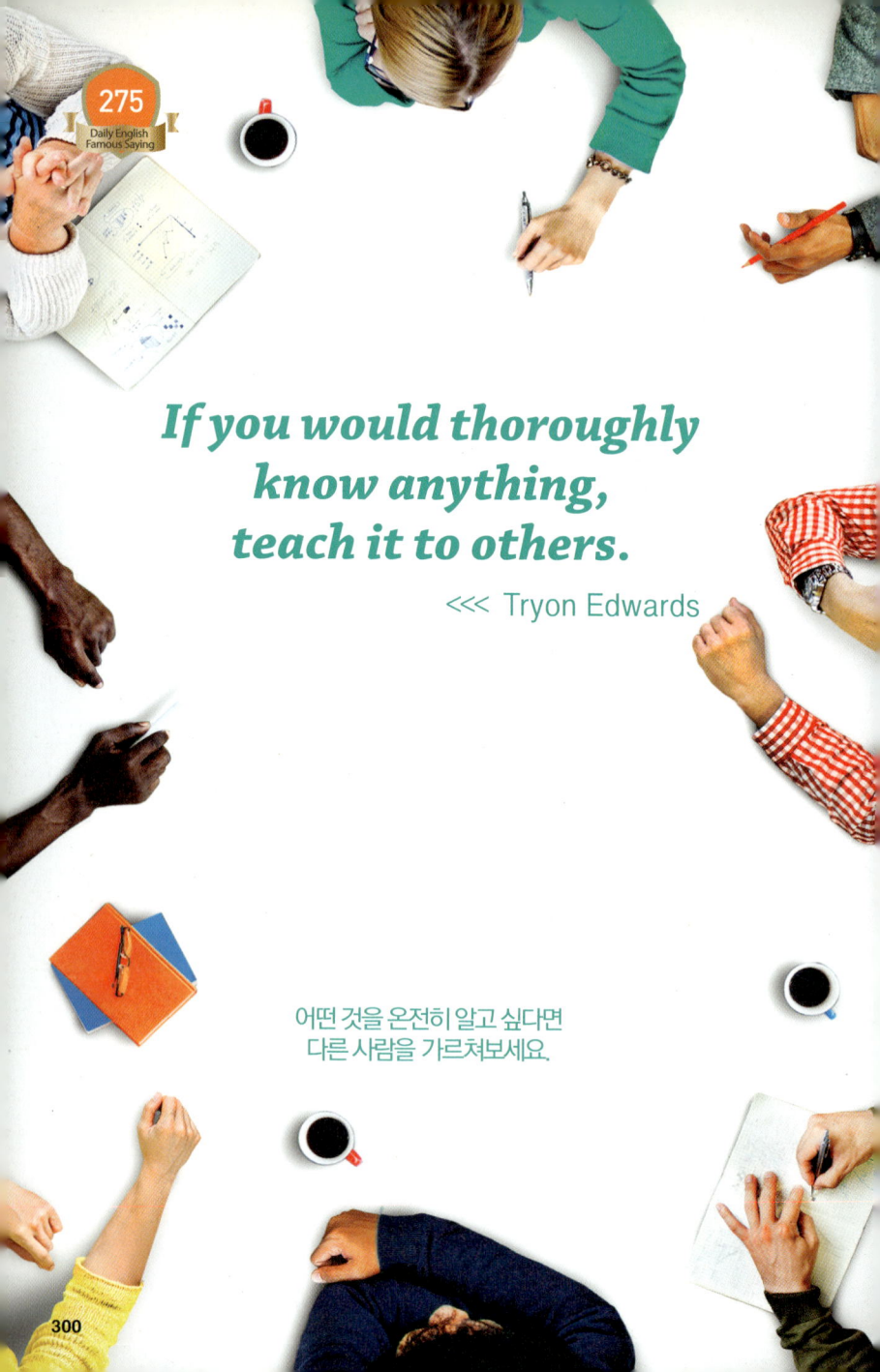

If you would thoroughly know anything, teach it to others.

<<< Tryon Edwards

어떤 것을 온전히 알고 싶다면 다른 사람을 가르쳐보세요.

To acquire **knowledge**,
one must study;
but to acquire **wisdom**,
one must observe.

<<< Marilyn vos Savant

지식을 얻으려면 공부를 해야 하고,
지혜를 얻으려면 관찰을 해야 한다.

277
Daily English Famous Saying

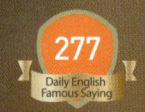

The reading of all good books is like a conversation with the finest men of past centuries.

<<< Rene Descartes

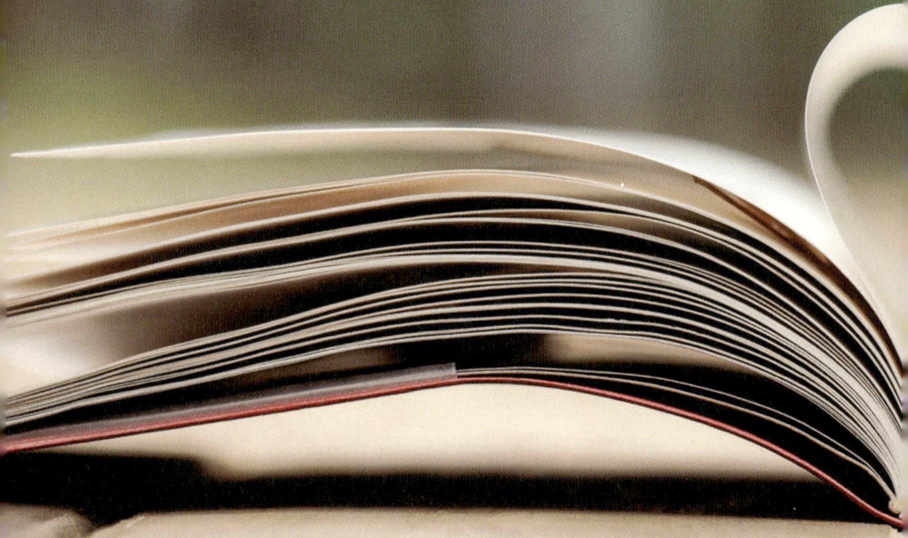

좋은 책을 읽는 것은 지난 세기의 가장 훌륭한 사람들과
이야기를 나누는 것과 같다.

It is not giving children more that spoils them; it is giving them more to avoid confrontation.

<<< John Gray

더 많이 준다고 아이를 망치는 게 아닙니다.
아이와 싸우지 않으려고 더 많은 것을 주는 게 아이를 망치는 것입니다.

If you want to see what children can do, you must stop giving them things.

<<< Norman Douglas

아이들이 무엇을 할 수 있는지
확인해보고 싶다면,
아이들에게 뭔가를 주지 말아야 한다.

Education has for its object the formation of character.

<<< Herbert Spencer

교육의 목적은 인격의 형성이다.

281 Daily English Famous Saying

You can't let your failures define you. You have to let your failures teach you. You have to let them show you what to do differently the next time.

<<< Barack Obama

learning from failure

실패에 매몰되어서는 안 됩니다.
실패에서 가르침을 얻으세요.
다음번에 무엇을 다르게 해야 하는지
보여줄 수 있도록 하세요.

If you want the present to be different from the past, study the past.

<<< Baruch Spinoza

현재가 과거와 다르길 바란다면 과거를 공부하라.

STUDY THE PAST IF YOU WOULD DEFINE THE FUTURE.

<<< Confucius

미래를 정의하려거든
과거를 공부하라.

Education's purpose is to replace an empty mind with an open one.

<<< Malcolm Forbes

교육의 목적은
비어 있는 머리를
열려 있는 머리로
바꾸는 것이다.

참교육은 오픈마인드입니다.

Tell me and I forget.
Teach me and I remember.
Involve me and I learn.

<<< Benjamin Franklin

나에게 말해 주면 잊어버릴 것이고,
가르쳐 주면 기억할 것이며,
참여시킨다면 배울 것이다.

잊기보다는 기억하고, 기억하기보다는 배우게 하자.

**Resolve to edge
in a little reading every day,
if it is but a single sentence.
If you gain fifteen minutes a day,
it will make itself felt
at the end of the year.**

<<< Horace Mann

한 문장이라도 매일 조금씩 읽으려고 마음먹어라.
하루 15분씩 시간을 내면 연말에는 변화가 느껴질 것이다.

어릴 땐 몰랐던 것들… 매일 책을 가까이 해야 하는데,
어~휴 먹고 살기 바쁘오…

**Do give books
- religious or otherwise -
for Christmas.
They're never fattening,
seldom sinful,
and permanently personal.**

<<< Lenore Hershey

크리스마스 선물로 종교서적이나 책을 선물하세요.
살찔 염려도 전혀 없고 죄책감에 시달릴 일도 거의 없고
영원히 간직할 수 있거든요.

Read not to contradict and confute, nor to find talk and discourse, but to weigh and consider.

<<< Francis Bacon

반박하거나 오류를 찾기 위해서,
또는 대화나 이야깃거리를 찾기 위해서 책을 읽지 말고
사색과 고찰을 위해 책을 읽어보세요.

Some books are to be tasted,
others to be swallowed,
and some few to be chewed
and digested; that is,
some books are
to be read only in parts,
others to be read, but not curiously,
and some few to be read wholly,
and with diligence and attention.

<<< Francis Bacon

어떤 책들은 맛을 보면 되고, 어떤 책들은 삼켜야 하고,
몇 안 되는 책들은 씹고 소화시켜야 한다.
다시 말해, 어떤 책들은 일부만 읽으면 되고,
어떤 책들은 다 읽되 호기심을 가질 필요는 없으며,
몇 안 되는 책들은 꾸준히 주의를 기울여 통독해야 한다.

A good novel tells us the truth about its hero; but *A bad novel* tells us the truth about its author.

<<< G. K. Chesterton

좋은 소설은 영웅의 진실을 알려준다.
그러나 나쁜 소설은 작가의 진실을 알려준다.

291
Daily English Famous Saying

Reading well is one of the great pleasures that solitude can afford you.

<<< Harold Bloom

고독이 줄 수 있는 아주 커다란 기쁨 중 하나는
책을 제대로 읽는 것이다.

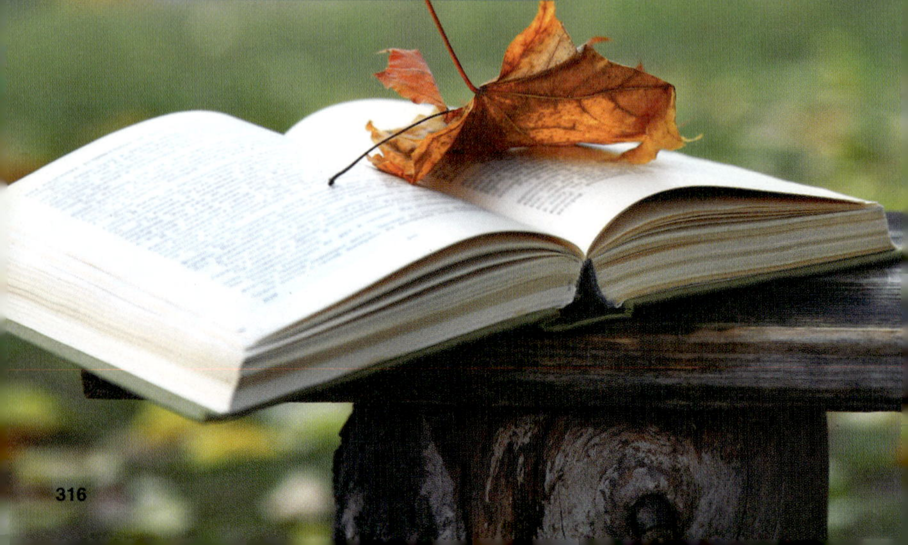

292
Daily English Famous Saying

Chapter_09

Just the knowledge that a good book is awaiting one at the end of a long day makes that day happier.

<<< Kathleen Norris

긴 하루가 끝나갈 무렵 좋은 책이 기다리고 있다는 생각만으로도
그날 하루는 더 행복해집니다.

293
Daily English Famous Saying

To acquire the habit of reading is to construct for yourself a refuge from almost all the miseries of life.

<<< W. Somerset Maugham

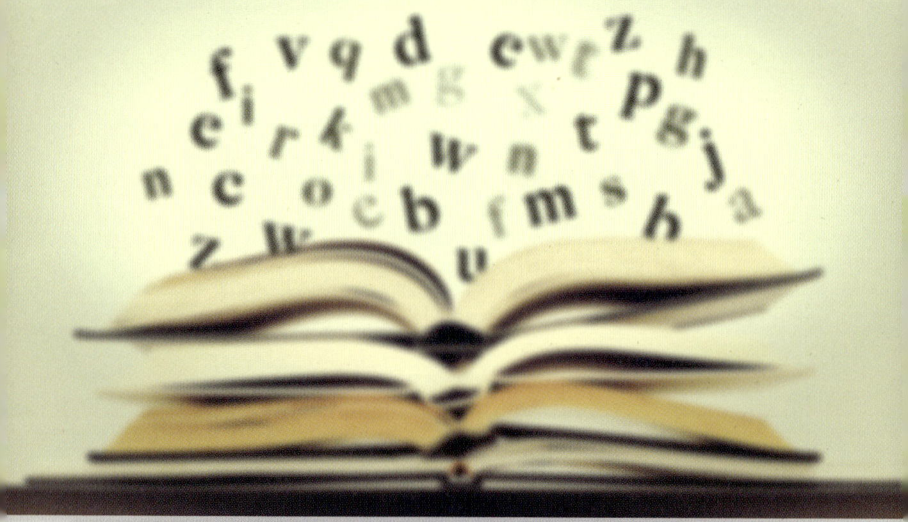

책 읽는 습관을 들인다는 건 거의 모든 불행으로부터
벗어날 수 있는 피난처를 마련하는 것입니다.

스트레스 해소에도 그만이래요~
오늘 백 년 만에 서점 가려는데... 딱 맞는 글 감사...

There is a great deal of difference between an eager man who wants to read a book and the tired man who wants a book to read.

<<< G. K. Chesterton

책을 한 권이라도 읽기를 간절히 바라는 사람과
읽을 만한 책을 기다리다 지친 사람 사이에는
매우 큰 차이가 있습니다.

295

Daily English Famous Saying

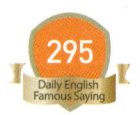

Always read stuff that will make you look good if you die in the middle of it.

<<< P. J. O'Rourke

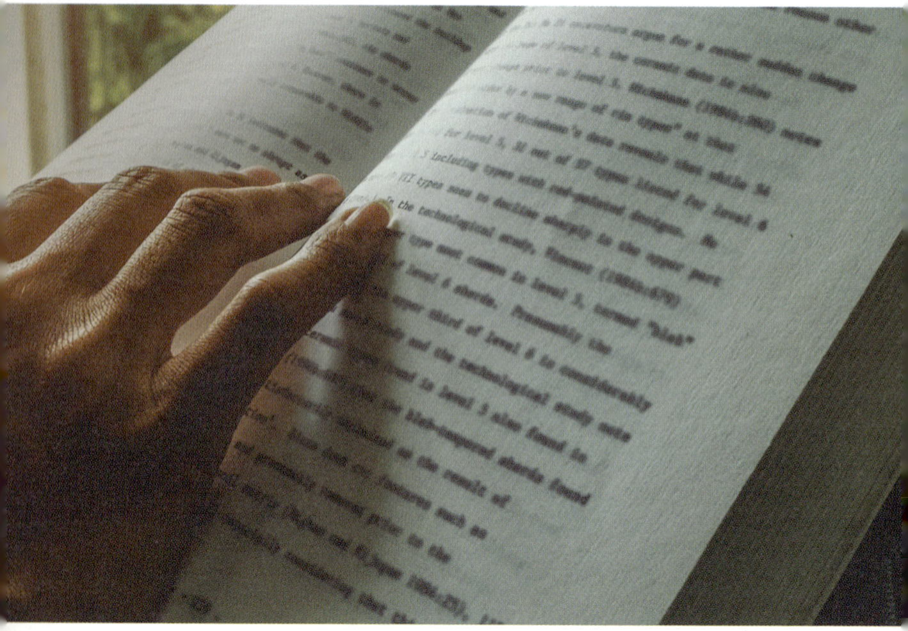

책을 읽다가 죽게 되더라도 근사해 보일 수 있을 그런 책을 항상 읽으세요.

Be careful about reading health books. You may die of a misprint.

<<< Mark Twain

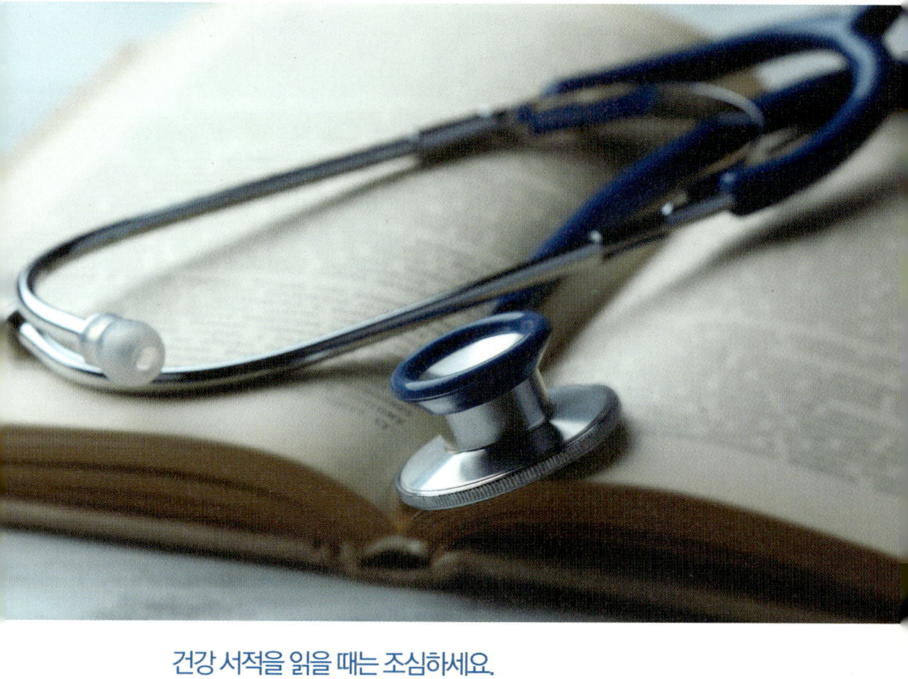

건강 서적을 읽을 때는 조심하세요.
오타로 인해 죽을 수도 있습니다.

Chapter 10
우정

friendship

A friend to all is a friend to none.

<<< Aristotle

모든 사람에게 친구인 사람은
어느 누구에게도 친구가 아니다.

> **Purchase not friends by gifts.
> When thou ceasest to give, such will cease to love.**
>
> <<< Thomas Fuller

친구를 선물로 사지 마세요.
선물을 주지 않으면 그 사랑이 끝날 겁니다.

299
Daily English
Famous Saying

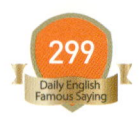

Be slow in choosing a friend, slower in changing.

<<< Benjamin Franklin

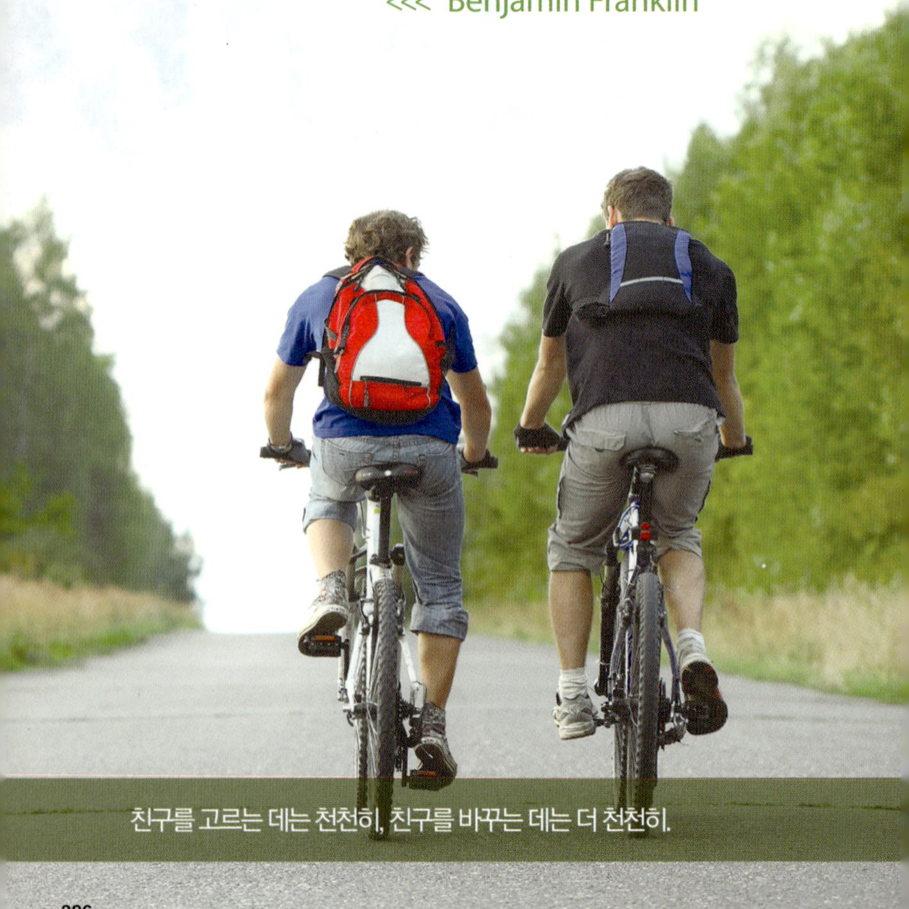

친구를 고르는 데는 천천히, 친구를 바꾸는 데는 더 천천히.

The man of knowledge must be able not only to love his enemies but also to hate his friends.

<<< Friedrich Nietzsche

지식인이라면 적을 사랑할 수 있을 뿐 아니라
친구를 미워할 수도 있어야 한다.

It is more shameful to distrust our friends than to be deceived by them.

<<< Confucius

친구에게 배반당한 것보다 더 수치스러운 것은
그 친구를 믿지 않는 것이다.

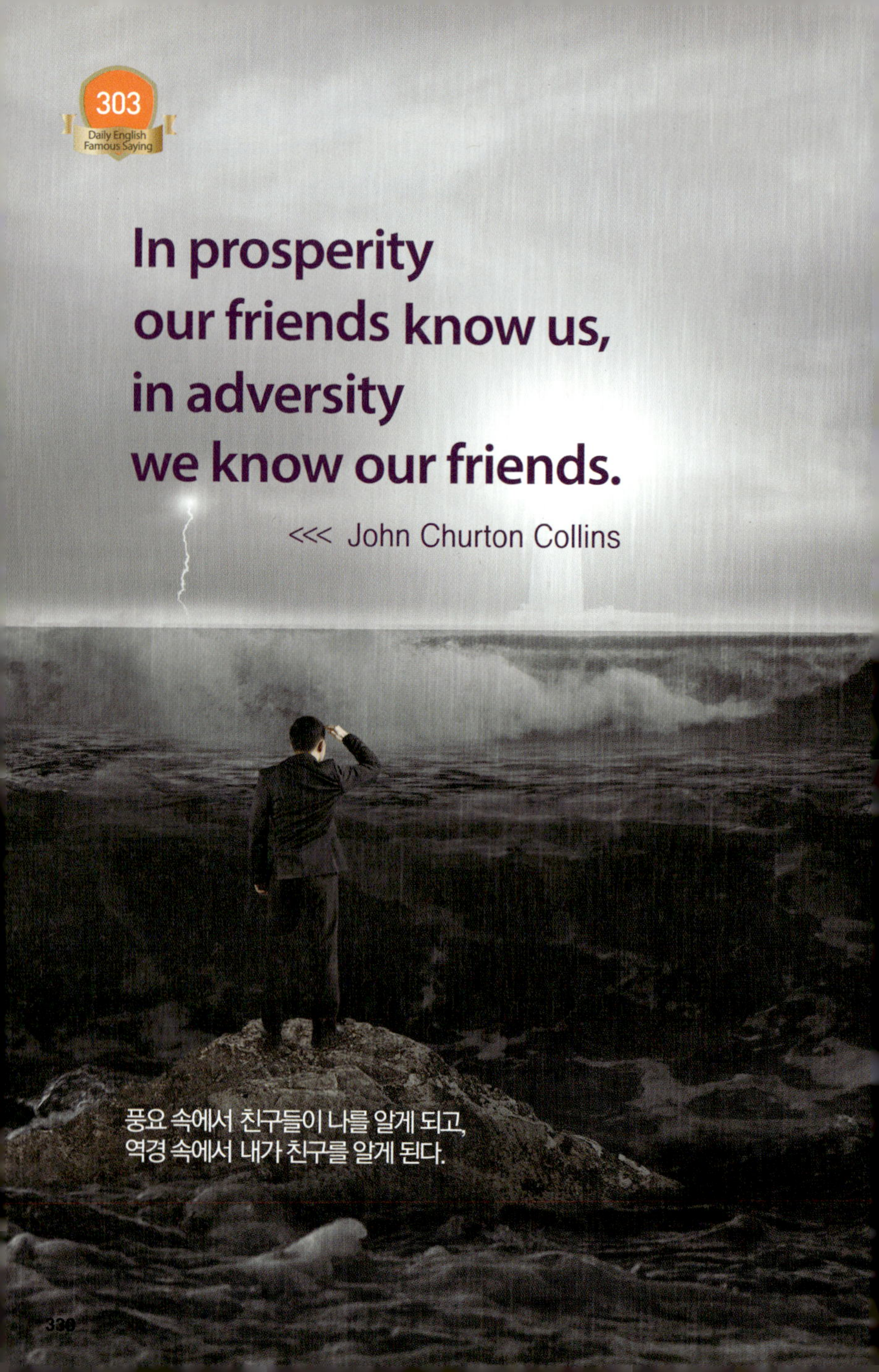

303
Daily English Famous Saying

In prosperity our friends know us, in adversity we know our friends.

<<< John Churton Collins

풍요 속에서 친구들이 나를 알게 되고,
역경 속에서 내가 친구를 알게 된다.

Only trust someone
who can see
these three things in you:
the sorrow behind your smile,
the love behind your anger,
and the reason behind
your silence.

<<< Anonymous

당신의 세 가지 면을 볼 수 있는 사람만 믿으세요:
당신 미소 속의 슬픔, 당신 분노 속에 담긴 사랑,
당신이 침묵하는 이유.

"It was a mistake,"
you said.
But the cruel thing was,
"it felt like the mistake was mine,
for trusting you."

<<< David Levithan, The Lover's Dictionary

"그것은 실수였어." 라고 너는 말했다.
하지만 참으로 잔인한 건,
정작 실수한 사람은
너를 믿은 나였다는 거야.

PROSPERITY MAKES FRIENDS, ADVERSITY TRIES THEM.

<<< Publilius Syrus

성공은 친구를 만들고, 역경은 친구를 시험한다.

푸빌리우스 시루스. 기원전 1세기 시리아 출신의 로마 작가. 그의 재능을 알아봤던 주인에 의해 시리아에서 이탈리아로 건너와 노예생활을 하면서도 자유롭게 교육을 받아 작가로 활동했다.

Think not those faithful who praise all your words and actions, but those who kindly reprove your faults.

<<< Socrates

모든 언행을 칭찬하는 사람보다는
결점을 친절하게 말해주는 사람을 가까이 하라.

All love that has not friendship for its base, is like a mansion built up on sand.

<<< Ella Wheeler Wilcox

우정이 바탕이 되지 않는 모든 사랑은 모래 위에 지은 집과 같다.

BETRAYAL IS COMMON FOR MEN WITH NO CONSCIENCE.

<<< Toba Beta

배신이란 양심 없는 사람에겐 흔한 일입니다.

**In a friend one should have ones best enemy.
You should be closest to him with your heart
when you resist him.**

<<< Friedrich Nietzsche

자신의 벗을 최선의 적으로 삼아야 한다. 그대의 벗과 적대할 때 그대의
마음은 벗을 더없이 가깝게 여겨야 한다.

OUR CRITICS ARE OUR FRIENDS; THEY SHOW US OUR FAULTS.

<<< Benjamin Franklin

우리의 비평가들은
우리의 친구들이다,
그들은 우리에게
우리의 잘못을 보여주기 때문이다.

313
Daily English Famous Saying

NEVER EXPLAIN - YOUR FRIENDS DO NOT NEED IT AND YOUR ENEMIES WILL NOT BELIEVE YOU ANYWAY.

<<< Elbert Hubbard

설명하지 마라 -
친구라면 설명할 필요가 없고,
적이라면 어차피 당신을 믿으려 하지 않을 테니까.

미국의 작가. 스페인과 미국이 벌인 전쟁 당시의 일화를 소재로 한 에세이 '가르시아 장군에게 보내는 편지'를 자신이 발행하던 잡지인 〈필리스틴〉에 소개하였고, 경제공황에 빠져 있던 미국 사회에 엄청난 반향을 일으켰다.

Friendship is certainly the finest balm for the pangs of disappointed love.

<<< Jane Austen

우정은
실연의 상처를 치유하는
최고의 치료제다.

315
Daily English Famous Saying

What is a friend? A single soul dwelling in two bodies.

<<< Aristotle

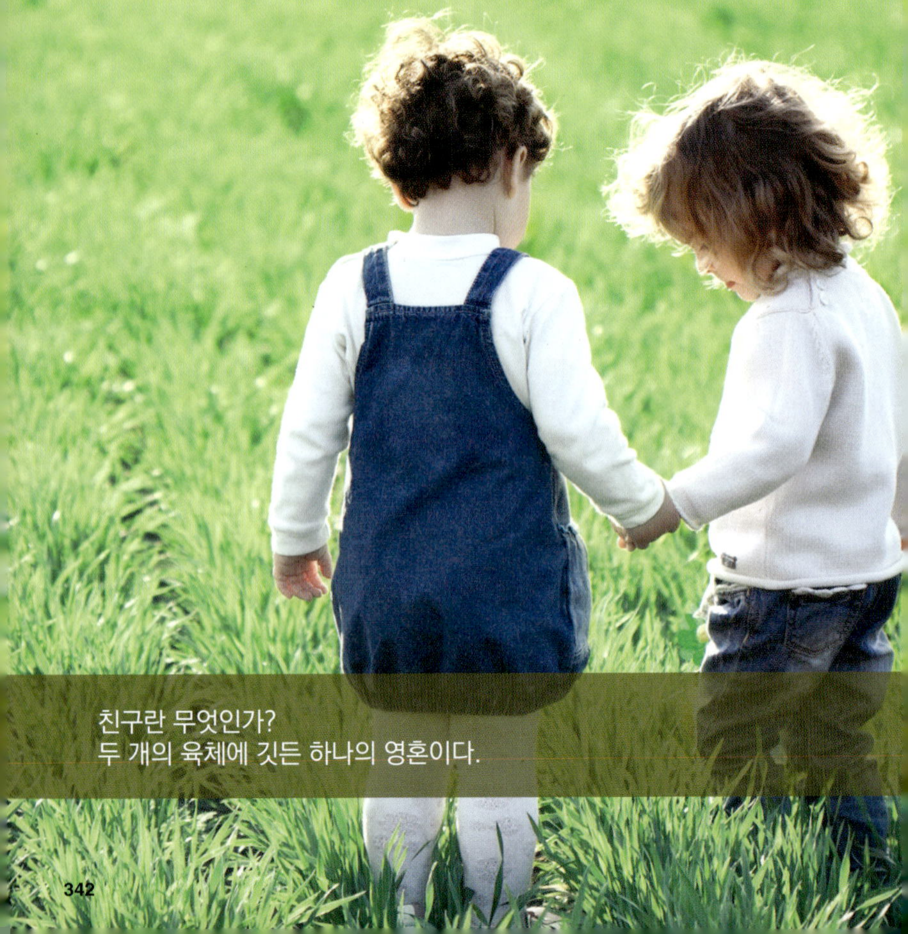

친구란 무엇인가?
두 개의 육체에 깃든 하나의 영혼이다.

316
Daily English Famous Saying

Friendship often ends in love but love in friendship, never.

<<< Charles Caleb Conton

우정은 종종 사랑으로 끝난다.
그러나 사랑이 우정으로 끝나는 경우는 결코 없다.

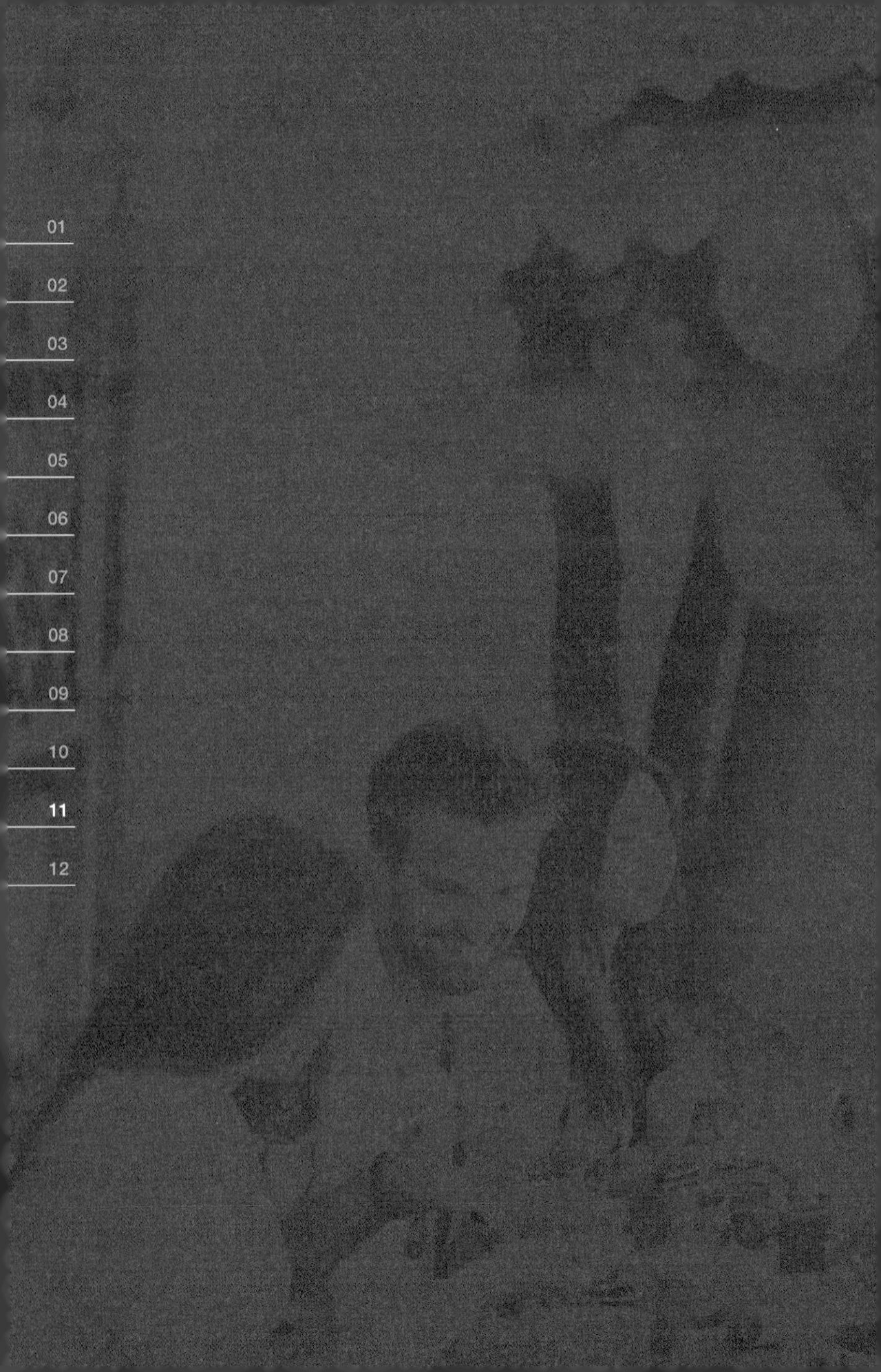

Chapter 11
감사·겸손

gratitude

Most folks are about as happy as they make up their minds to be.

<<< Abraham Lincoln

보통 사람들의 행복은 마음먹기에 달려 있다.

이게 참 어려워요. 착각하는 것일지도 모르고, 자기 최면같이, 홧팅!! 행복하고 싶다면 긍정 마인드로~^^

Associate with well-mannered persons
and your manners will improve.
Run around with decent folk
and your own decent instincts
will be strengthened.

<<< Stanley Walker

예절 바른 사람과 어울려라.
예절 바른 사람이 될 것이다.
좋은 사람들과 어울려라.
좋은 천성이 강화될 것이다.

I hope everybody could get rich and famous and will have everything they ever dreamed of, so they will know that it's not the answer.

<<< Jim Carrey

나는 세상 사람들이 모두 부자가 되고 유명해지고
또 각자 꿈을 꿔온 것들을 갖게 되기를 바랍니다.
그러고 나서 이게 답이 아니었다는 것을 알게 되길 바랍니다.

올 한해 모든 것을 다 가져본 사람만이 할 수 있는 말이겠죠?
'이게 답이 아니었구나'를 깨달을 수 있는 한 해가 되길 바랍니다.

Never cut a tree down
in the winter time.
Never make a negative decision
in the low time.
Never make your
most important decisions
when you are in your worst moods.
Wait. Be patient.
The storm will pass.
The spring will come.

<<< Robert H. Schuller

겨울철에는 절대 나무를 자르지 마라.
힘겨운 상황에 처했을 때는 부정적인 결정을 내리지 마라.
침울할 때는 중요한 결정을 내리지 마라.
기다려라.
인내하라.
폭풍은 지나갈 것이다.
그리고 봄이 올 것이다.

Be thankful for
what you have;
you'll end up having more.
If you concentrate on
what you don't have,
you will never,
ever have enough.

<<< Oprah Winfrey

당신이 가진 것에 감사하세요.
그럼 결국 더 많이 갖게 될 것입니다.
만약 당신이 갖지 않은 것에 집중한다면,
당신은 절대로 충분히 갖지 못할 것입니다.

Guard well within yourself
that treasure, kindness.
Know how to give
without hesitation,
how to lose without regret,
how to acquire
without meanness.
<<< George Sand

친절이라는 보물을 잘 지켜라.
주저없이 베푸는 법,
후회없이 지는 법,
비열하지 않게 얻는 법을 배워라.

We should not judge people by their peak of excellence; but by the distance they have traveled from the point where they started.

<<< Henry Beecher

사람들을 장점으로
평가해서는 안 된다.
처음 출발했던 지점부터
그가 지나온 거리로 평가해야 한다.

325
Daily English Famous Saying

Be a good person,
but don't waste your time
to prove it.

<<< Anonymous

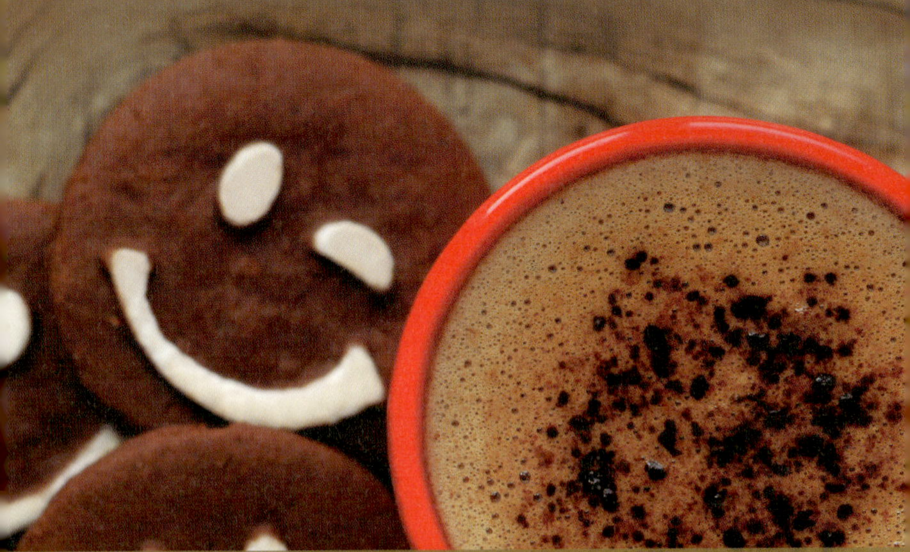

좋은 사람이 되세요.
하지만 그걸 증명하려고 시간을 낭비하진 마세요.

동감합니다. 하지만 증명해 보이려고 넘 신경 쓰게 되는 자신을 봅니다.

The foolish man seeks happiness in the distance, the wise grows it under his feet.

<<< James Oppenheim

어리석은 사람은 멀리서 행복을 찾고,
현명한 사람은 발 밑에서 행복을 키워간다.

I'm thinking about that too.

What is written without effort is in general read without pleasure.

노력 없이 쓰인 글은 대개 감흥 없이 읽힌다.

> 정성 들인 건 뭐든 공감받는 것 같아요~^^
> 경험 없이 자기 것으로 포장하려 애쓰다 보면 감동이 없죠.
> 내 경험은 아니더라도 자신의 밑바닥에서 차오르는
> 울림, 벅참으로 쓰려고 노력하는 글이라면 충분히 감흥을
> 얻을 수 있을 듯해요^^

*Nature gives you
the face you have at twenty;
it is up to you to merit
the face you have at fifty.*

<<< Gabriel Coco Chanel

20대의 얼굴은 자연이 준 것이지만,
50대의 얼굴은 그 사람이 이룬 공적에 달려 있다.

링컨은 마흔에 자기 얼굴을 가져야 한다고 말했습니다.
얼굴에 자기가 살아온 과정이 묻어 있는 것이지요.

I was always looking
outside myself
for strength and confidence,
but it comes
from within.
It is there all the time.

<<< Anna Freud

나는 항상
힘과 자신감을
찾기 위해
바깥으로 눈을 돌렸다.
하지만 그것은 내면에서 나온다.
모든 순간 내면에서 나온다.

If a man will begin with certainties,
he shall end in doubt;
but if he will be content to begin with doubts,
he shall end in certainties.

<<< Francis Bacon

확신을 가지고 시작하는 사람은 회의로 끝나고
의심을 하며 시작하는 사람은 확신으로 끝난다.

 돌다리도 두드리고 지나가라는 뜻과 같지 않을까요?

HE WHO LEARNS BUT DOES NOT THINK, IS LOST! HE WHO THINKS BUT DOES NOT LEARN IS IN GREAT DANGER.

<<< Confucius

배우기만 하고 생각하지 않으면 얻는 것이 없고,
생각만 하고 배우지 않으면 위태로우니라.

생각하고 배우고, 배우고 생각하고~
배움이 주는 생각은 가치가 다르죠.
우리의 일상이네요^^

Forgive all who have offended you, not for them, but for yourself.

<<< Harriet Nelson

당신을 열받게 하는 모든 사람을 용서하세요.
그들을 위해서가 아니라
당신을 위해서.

분노의 화살은 나를 향한다~^^ 실은 나 자신 때문에 화나는 거겠죠?

334
Daily English Famous Saying

Chapter_11

Believe in yourself!
Have faith in your abilities!
Without a humble but
reasonable confidence
in your own powers
you cannot be
successful or happy.

<<< Norman Vincent Peale

자신을 믿어라!
자신의 능력을 신뢰하라!
겸손하지만 합리적인 자신감을
갖지 않고서는
성공할 수도 행복할 수도 없다.

합리적인 자신감. 멋지고 많은 생각을 하게 하는 말입니다.

I trust that everything happens for a reason, even when we're not wise enough to see it.

<<< Oprah Winfrey

모든 일에는 다 이유가 있다고 생각합니다.
우리가 그것을 다 이해하지 못할 때조차…

**Whether it's Google or Apple or free software,
we've got
some fantastic competitors
and it keeps us on our toes.**

<<< Bill Gates

우리에겐 구글, 애플, 다른 무료 소프트웨어 등
우리를 방심하지 않게 할 멋진 경쟁자들이 있다.

Chapter 12
기타
etc.

Only
the Gentle are ever really strong.

<<< James Dean

부드러운 사람만이 정말로 강한 사람입니다.

Man is harder than iron, stronger than stone. And more fragile than a rose.

<<< Turkish Proverb

남자는 쇠보다 더 단단하고,
돌보다 더 강하다.
그리고 장미보다 더 약하다.

장미꽃에는 매서운 가시가 있잖아요.
남자가 강하긴 해도 여자 앞에선 약해지죠~^^

Nobody is too busy. It's only a matter of priorities.

<<< Anonymous

정말로 바쁜 사람은 없어.
단지 뭘 먼저 하느냐의 문제만 있을 뿐이야.

> **Nothing is more despicable than respect based on fear.**
>
> <<< Albert Camus

RESPECT

두려움 때문에 갖는 존경심만큼 비열한 것은 없다.

Waste not fresh tears over old griefs.

<<< Euripides

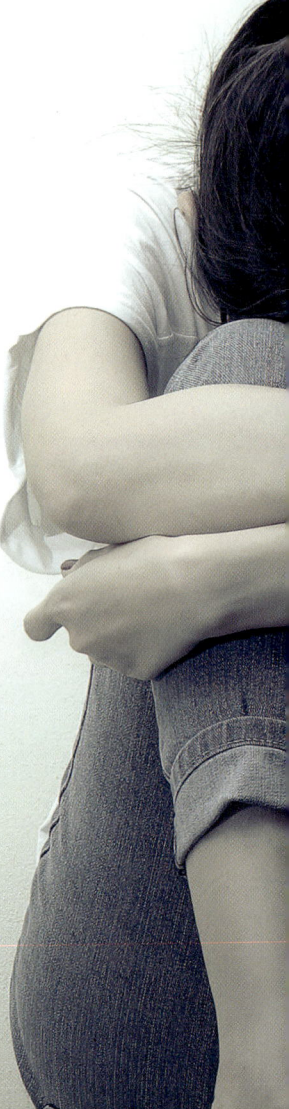

지나간 슬픔에 신선한 눈물을 낭비하지 마세요.

💬 이미 지난 과거의 눈물을 현재까지 껴안고 싶지 않네요.
과거 없는 분. 아픔 없는 분 없지요.

Today's special moments are tomorrow's memories.

<<< Aladdin

오늘의 특별한 순간들은 내일의 추억이다.

Every girl is beautiful. Sometimes, it just takes the right guy to see it.

<<< The Notebook

모든 여자는 아름답습니다. 그걸 바로 알아볼 그 사람이 필요한 거죠.

노트북〈The Notebook, 2004〉 속 대사. 라이언 고슬링, 레이첼 맥 아담스가 주연으로 나온다. 세상에 무엇과도 바꿀 수 없는 영원한 사랑이 존재할 수 있다는 희망을 보여주는 로맨틱 멜로 영화다.

Weakness of attitude becomes weakness of character.

<<< Albert Einstein

태도가 나약하면 성격도 나약해진다.

 나약한 나의 태도가 문제였네요. 일어나서 움직여야죠.

Everyone thinks of changing the world, but no one thinks of changing himself.

<<< Lev Tolstoy

모든 사람들이 세상을 바꾸려고 하지만,
어떤 사람도 자신을 바꾸려고 생각하지는 않습니다.

 타인을 바꾸는 것보다 자신을 바꾸는 것이 더 쉽다.

Great deeds are usually wrought at great risks.

<<< Herodotus

위대한 업적은 대개 커다란 위험을 감수한 결과이다.

Always forgive your enemies. Nothing annoys them so much.

<<< Oscar Wilde

언제나 적들을 용서하라.
그것처럼 적들을 약 오르게 하는 것이 없다.

Waste no more time talking about great souls and how they should be. Become one yourself!

<<< Marcus Aurelius Antoninus

위인이나 위인의 조건에 대한 논쟁으로
시간을 낭비하지 말라. 스스로 위인이 되라!

**When you innovate,
you've got to be prepared for people
telling you that you are nuts.**

<<< Larry Ellison

혁신을 하려 한다면
당신은 미쳤다는 사람들의 말에 대비하고 있어야 합니다.

INNOVATION DISTINGUISHES BETWEEN A LEADER AND A FOLLOWER.

<<< Steve Jobs

혁신은 리더와 추종자를 구분하는 잣대입니다.

Never do things others can do and will do if there are things others cannot do or will not do.

<<< Amelia Earhart

다른 사람들이 할 수 있거나 하려고 하는 일 대신,
다른 사람들이 할 수 없고 하고 싶어 하지 않는 일을 하세요.

Done is Better Than Perfect.

<<< Mark Elliot Zuckerberg

완수하는 것이 완벽한 것보다 낫다.

Non-violence is the greatest force at the disposal of mankind.

<<< Anonymous

비폭력은 인류가 임의로 사용할 수 있는 가장 강력한 힘이다.

올랜도 총기난사 사건 피해자들의 명복을 빕니다.

Careers, like rockets, don't always take off on schedule. The key is to keep working the engines.

<<< Gary Sinise

경력이란 로켓처럼 항상 예정대로 이륙하는 것은 아니다.
핵심은 바로 엔진들을 계속 작동시키는 것이다.

357
Daily English Famous Saying

Don't trust what you see, even salt looks like sugar.

<<< Anonymous

눈에 보인다고 그대로 믿지 마세요, 심지어 소금도 설탕처럼 보인답니다.

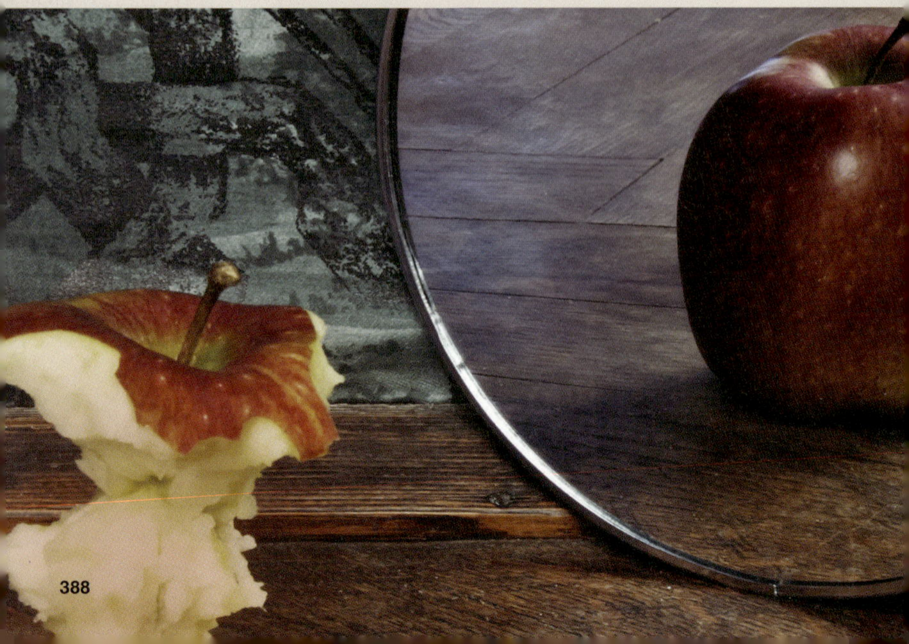

Back, you know,
a few generations ago,
people didn't have a way to
share information and
express their opinions efficiently
to a lot of people.

<<< Mark Elliot Zuckerberg

여러분도 잘 아시겠지만,
몇 세대 전만 해도 정보를 공유하고,
자신의 의견을 많은 사람들에게 효과적으로
전달할 수 있는 방법이 없었습니다.

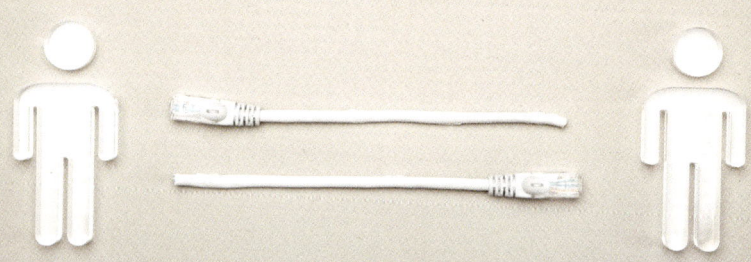

A lot of times,
people don't know
what they want
until you show it to them.

<<< Steve Jobs

사람들은 대개 자신이 원하는 것을 보여주기 전까지는
무엇을 원하는지 알지 못한다.

360
Daily English Famous Saying

Chapter_12

Money is not the only answer, but it makes a difference.

<<< Barack Obama

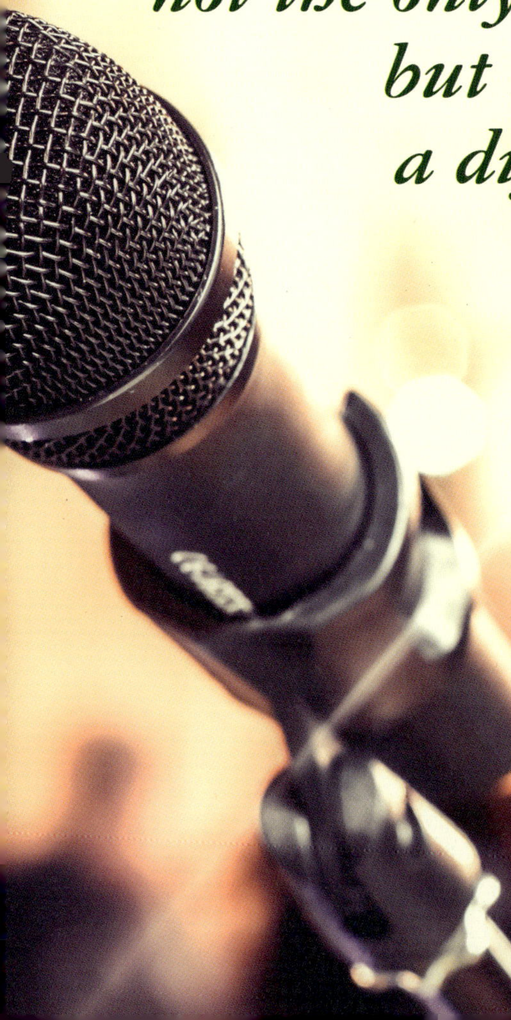

돈이 결코 정답이 될 수는 없다.
하지만 돈이 차이를 만든다.

Evil enters like a needle and spreads like an oak tree.

<<< Ethiopian Proverb

악이란 사람의 마음속에 하나의 가시처럼 박힌 다음
마치 한 그루의 떡갈나무처럼 자라나는 것이다.

If you can't explain it simply, you don't understand it well enough.

<<< Albert Einstein

간단히 설명할 수 없다면, 충분히 이해하지 못한 것이다.

Good judgement comes from experience, and a lot of that comes from bad judgement.

<<< Will Rogers

훌륭한 판단력은 경험에서 비롯되고, 경험은 그릇된 판단에서 얻어진다.

윌 로저스(1879~1935) 연극배우이자 라디오 방송인, 영화배우 등으로 활동했다. 유성 영화의 등장 이후 폭스 영화사가 제작한 영화의 배우로 출연했다. 유명한 작품으로는 〈코네티컷 양키(1931)〉, 〈프리스트 판사(1934)〉등이 있다.

**Yesterday is history.
Tomorrow is a mystery.
Today is a gift.
That's why we call
it the "present."**

<<< Winnie the Pooh

어제는 지나버렸고(history),
내일은 알 수 없는 것이고(mystery),
오늘은 선물(present)이다.
이것이 오늘을 선물이라고 부르는 이유이다.